Beck-Rechtsberater

Mein Recht bei Kündigung

dtv

Beck-Rechtsberater

Mein Recht bei Kündigung

Wie Arbeitnehmer richtig reagieren
und eigene Interessen schützen

Von Dr. Margit Böhme,
Rechtsanwältin in Esslingen,
Fachanwältin für Arbeitsrecht

1. Auflage

Deutscher Taschenbuch Verlag

Im Internet:
dtv.de
beck.de

Originalausgabe
Deutscher Taschenbuch Verlag GmbH & Co. KG,
Friedrichstraße 1 a, 80801 München

Druck und Bindung: Druckerei C. H. Beck, Nördlingen
(Adresse der Druckerei: Wilhelmstraße 9, 80801 München)
Satz: ottomedien, Darmstadt
Umschlaggestaltung: Agentur 42 (Fuhr & Partner), Mainz,
unter Verwendung eines Fotos von GettyImages/Stock 4B
ISBN (13): 978-3-423-50668-7 (dtv)
ISBN (13): 978-3-406-56762-9 (C. H. Beck)

Vorwort

Gerade in der heutigen Zeit knapper Arbeitsplätze kann sich kaum jemand darauf verlassen, bis zum Renteneintritt seinem Arbeitgeber „treu“ bleiben zu können. Mit einer Kündigung durch den Arbeitgeber müssen immer mehr Mitarbeiter rechnen. Dabei muss der Grund für die Kündigung keineswegs im Verhalten oder in der Person des Mitarbeiters liegen. Die meisten Kündigungen erfolgen ohnehin aus betrieblichen Gründen und haben mit der Person des Arbeitnehmers überhaupt nichts zu tun. Dennoch ist es keinem Arbeitnehmer zu raten, eine Kündigung stillschweigend zu akzeptieren.

Es werden in Deutschland pro Jahr mehr als 300.000 Kündigungsschutzklagen bei den Arbeitsgerichten erhoben. Davon enden die weitaus meisten Gerichtsverfahren zwar mit der Beendigung des Arbeitsverhältnisses, aber zugleich auch mit der Verpflichtung des Arbeitgebers, an den Arbeitnehmer eine Abfindung zu zahlen. Es lohnt sich also, die Grundzüge des Kündigungsrechts zu kennen. Nur dann kann es Ihnen gelingen, eine Kündigung abzuwehren oder wenigstens eine angemessene Abfindung zu verhandeln. Dieses Buch versetzt Sie in die Lage, auf eine Kündigung richtig und zu Ihrem Vorteil zu reagieren.

Das Kündigungsschutzrecht ist ein kompliziertes Rechtsgebiet. Dieser Leitfaden bereitet dieses Rechtsgebiet leicht verständlich auf und konzentriert sich auf das Grundwissen, das für einen gekündigten Arbeitnehmer von Bedeutung ist. Aber auch der ungekündigte Arbeitnehmer profitiert von diesem Grundwissen. Es ermöglicht ihm, seine arbeitsrechtliche Situation korrekt einzuschätzen und eine eventuelle Kündigung schon im Vorfeld zu vermeiden.

Zahlreiche Beispiele und Formulierungshilfen helfen beim Verständnis und der Anwendung dieses Ratgebers. Checklisten sorgen dafür, dass im Falle einer Kündigung nichts übersehen wird. Zudem sorgen die Tipps aus der Praxis für den entscheidenden Wissensvorsprung für Sie.

Esslingen, im September 2007 *Margit Böhme*

Inhaltsübersicht

Inhaltsverzeichnis

Abkürzungsverzeichnis

Abs.	Absatz
ArbPlSchG	Gesetz über den Schutz des Arbeitsplatzes bei Einberufung zum Wehrdienst
BetrVG	Betriebsverfassungsgesetz
BGB	Bürgerliches Gesetzbuch
bzw.	beziehungsweise
ca.	circa
d. h.	das heißt
EDV	Elektronische Datenverarbeitung
EU	Europäische Union
GmbH	Gesellschaft mit beschränkter Haftung
GmbHG	Gesetz betreffend die Gesellschaften mit beschränkter Haftung
i. A.	im Auftrag
i. V.	in Vertretung
KSchG	Kündigungsschutzgesetz
MuSchG	Gesetz zum Schutz der erwerbstätigen Mutter
Nr.	Nummer
o. ä.	oder ähnliches
SGB	Sozialgesetzbuch
sog.	sogenannt
TVöD	Tarifvertrag für den öffentlichen Dienst

A. Die Kündigungserklärung

Die Kündigungserklärung ist in der Sprache der Juristen eine einseitige empfangsbedürftige Willenserklärung, mit der das Arbeitsverhältnis für die Zukunft beendet wird. An den Inhalt der Kündigungserklärung werden die unterschiedlichsten Anforderungen gestellt. Diese Voraussetzungen einer wirksamen Kündigung müssen vom Arbeitgeber zwingend eingehalten werden.

> **Wichtiger Hinweis:** Beachtet Ihr Arbeitgeber bei der Erklärung der Kündigung nicht diese zwingenden Vorgaben, so ist die Kündigung unwirksam, und das Arbeitsverhältnis besteht weiter. Bevor Sie nun das Kündigungsschreiben mitsamt seinem unangenehmen Inhalt beiseitelegen, sollten Sie die nachfolgenden Punkte prüfen. Nicht selten sind Kündigungen schon wegen Nichteinhaltung der formellen Anforderungen unwirksam, und das Arbeitsverhältnis besteht weiter.

I. Notwendiger Inhalt der Arbeitgeberkündigung

Der Zeitpunkt der Beendigung des Arbeitsverhältnisses muss nicht als konkretes Datum angegeben werden. Es reicht aus, wenn sich aus dem Text der Kündigungserklärung ergibt, wann das Arbeitsverhältnis beendet sein wird.

Beispiel: „nächstmöglicher Zeitpunkt"; „fristgerecht".

Es muss aber aus dem Text der Kündigung erkennbar sein, welche Art von Kündigung ausgesprochen wird. Soll eine ordentliche oder eine außerordentliche Kündigung ausgesprochen werden? Im Fall einer außerordentlichen Kündigung ist anzugeben, ob diese fristlos erfolgt oder ob eine „soziale Auslauffrist" eingehalten werden soll. Wird eine außerordentliche Kündigung mit sozialer Auslauffrist ausgesprochen, muss aus der Kündigungserklärung eindeutig hervorgehen, dass nicht eine ordentliche Kündigung erklärt wird, sondern eine außerordentliche.

II. Form der Kündigung

Die Kündigung muss **schriftlich** erfolgen. Eine mündliche Kündigung ist unwirksam, selbst wenn sie zu einem späteren Zeitpunkt schriftlich vom Arbeitgeber oder vom Arbeitnehmer bestätigt wird.

Beispiel: Der Arbeitgeber kündigt einem Arbeitnehmer nach einem heftigen Streit und verbietet ihm, jemals wieder das Betriebsgelände zu betreten. Der Arbeitnehmer fasst dies als Kündigung auf und erscheint tatsächlich nicht mehr zur Arbeit. Obwohl der Arbeitgeber und der Arbeitnehmer übereinstimmend vom Ende des Arbeitsverhältnisses ausgehen, besteht es weiter, und der Arbeitnehmer hat damit grundsätzlich weiterhin Anspruch auf Gehalt.

Unter „schriftlich" ist das Beifügen einer eigenhändigen Unterschrift unter einem Text zu verstehen. Dies ist bei einer Kündigung per Telefax, Computerfax oder E-Mail **nicht** der Fall. Dies gilt auch dann, wenn im Betrieb die Kommunikation auf elektronischem Weg üblich ist. Dem Empfänger des Kündigungsschreibens muss ein eigenhändig unterzeichnetes Schriftstück, also ein Original, zugehen.

Mitunter sehen Tarifverträge oder Betriebsvereinbarungen vor, dass eine Kündigung per Einschreiben zugestellt werden muss. In diesen Fällen besteht Unsicherheit darüber, was gelten soll, wenn die Kündigung am Arbeitsplatz persönlich übergeben wird und welche Form des Einschreibens – Einwurf- oder Übergabeeinschreiben – gewollt ist. Da die Form des Einschreibens regelmäßig nur aus Beweisgründen gewählt wird, schadet die Nichteinhaltung der Form des Einschreibens nicht, sofern anders nachgewiesen werden kann, dass die Kündigung dem Arbeitnehmer zugegangen ist.

III. Kündigungsberechtigter

Kündigungsberechtigt ist der Arbeitgeber oder dessen gesetzlicher bzw. rechtsgeschäftlicher Vertreter. Bei juristischen Personen ist der Vertreter das gesetzliche Organ wie beispielsweise der **Geschäftsführer** bei der **GmbH**. Für Sie ist es wichtig zu wissen, wer zur Erklärung einer Kündigung berechtigt ist. Kündigt nämlich ein nicht zur Kündigung Berechtigter, können Sie als Arbeitnehmer die Kündigung unverzüglich, also innerhalb einer Woche nach § 174 BGB, zurückweisen. Die Kündigung bleibt damit unwirksam.

Beispiel: Besteht in einer GmbH nach § 35 Abs. 2 Satz 2 GmbHG gemeinschaftliche Vertretungsmacht beider Geschäftsführer, kann der Arbeitnehmer eine nur von einem Geschäftsführer unterzeichnete Kündigung mit der Begründung zurückweisen, eine Ermächtigungsurkunde sei nicht vorgelegt worden. Die Kündigung ist unwirksam.

Tipp: Der Blick in den Gesellschaftervertrag lohnt sich, denn häufig bedarf die Vornahme einer nicht zum gewöhnlichen Geschäftsbetrieb gehörenden Rechtshandlung der Zustimmung der Gesellschafterversammlung oder eines Mitgesellschafters. Eine Kündigung ist in den meisten Fällen eine nicht zum gewöhnlichen Geschäftsbetrieb gehörende Rechtshandlung. Sollten Sie den Gesellschaftervertrag nicht einsehen können, so weisen Sie in der Annahme, es bestünde eine gemeinschaftliche Vertretungsmacht, die Kündigung nach § 174 BGB zurück.

Bei der **offenen Handelsgesellschaft**, der **Kommanditgesellschaft** oder der **Partnerschaftsgesellschaft** bestimmt sich die Kündigungsberechtigung nach den **Satzungsbestimmungen bzw. dem Gesellschaftervertrag**.

Ist **Gesamtvertretung** der geschäftsführenden Gesellschafter angeordnet, kann der Arbeitnehmer eine nur von einem Geschäftsführer unterzeichnete Kündigung unter Hinweis auf § 174 BGB unverzüglich zurückweisen. Bei rechtzeitiger Zurückweisung ist die Kündigung unheilbar unwirksam. Es ist eine Neuvornahme der Kündigung erforderlich.

Haben bei einer **BGB-Gesellschaft** – beispielsweise Arztpraxen mit mehreren Ärzten – nicht sämtliche Gesellschafter die Kündigung unterzeichnet, sollte die Kündigung vom Arbeitnehmer ebenfalls mit folgender Formulierung innerhalb einer Woche zurückgewiesen werden:

„Ihre Kündigung vom … habe ich erhalten. Ich weise sie jedoch als unwirksam zurück, da mir eine Vollmachtsurkunde nicht vorliegt."

Die Zurückweisung ist gegenüber dem Arbeitgeber selbst oder auch gegenüber dem Vertreter zu erklären.

Beispiel: Der Niederlassungsleiter kündigt einem Arbeitnehmer seiner Niederlassung. Da die Vollmacht nicht nachgewiesen wurde, kann der Arbeitnehmer sowohl gegenüber dem Arbeitgeber selbst, als auch wahlweise gegenüber dem Niederlassungsleiter die Zurückweisung erklären.

Tipp: Die Zurückweisung der Kündigung kann Ihnen leicht ein Monatsgehalt „retten". Wenn der Arbeitgeber nämlich wie üblich am Monatsende kündigt und Sie nach dem ersten Tag des Folgemonats die Kündigung zurückweisen, muss der Arbeitgeber nochmals kündigen, dann allerdings auf einen Monat später.

Legt Ihnen der Arbeitgeber zusammen mit der Kündigung nicht das **Original** der Vollmacht vor, so hat er seine Pflicht zur Vorlage der Vollmachtsurkunde verletzt. Kopien oder auch beglaubigte Abschriften können Sie zurückweisen. Bei Vorlage einer Kopie oder einer beglaubigten Abschrift bleibt die Kündigung unwirksam. Bei Vorlage des Originals die Kündigung wirksam. Die Zurückweisung ist allerdings dann nicht möglich, wenn dem Arbeitnehmer bekannt ist, dass einer der Gesellschafter der geschäftsführende Gesellschafter ist.

Beispiele: Dem Arbeitnehmer ist bekannt, dass von den insgesamt fünf Gesellschaftern die Personalangelegenheiten auf einen der Gesellschafter übertragen sind. Dieser Gesellschafter hat die Kündigung unterzeichnet. Nach dem Gesellschaftsvertrag ist dieser Gesellschafter berechtigt, das gesamte Personalwesen in alleiniger Zuständigkeit zu erledigen. In diesem Fall kann der Arbeitnehmer im Falle einer Kündigung die Kündigung nicht zurückweisen, weil nur ein Gesellschafter die Kündigung unterzeichnet hat.

Wie im obigen Beispiel, nur ist dem Arbeitnehmer nicht bekannt, dass die Personalangelegenheiten komplett auf einen der Gesellschafter übertragen sind. Er kann die von nur einem Gesellschafter unterzeichnete Kündigung nach § 174 BGB zurückweisen.

Tipp: Dem Arbeitnehmer hilft also in solchen Situationen ausnahmsweise „Nichtwissen". Es ist also für Sie vorteilhaft, nicht allzu genau mit den Zuständigkeiten der Gesellschafter vertraut zu sein. Das „Nichtwissen" muss im Falle eines Kündigungsschutzprozesses der Arbeitgeber beweisen. Stellen Sie deshalb keine großen Anforderungen an sich selbst, wenn Sie sich über Ihr „Nichtwissen" Gedanken machen.

Selbstverständlich ist eine **rechtsgeschäftliche Vertretung** beim Ausspruch der Kündigung - beispielsweise durch den **Prokuristen** oder den **Personalleiter** - möglich. Ist der Personalleiter mit dem Ausspruch von Kündigungen betraut, braucht der Arbeitgeber diese Befugnis dem Arbeitnehmer nicht bekannt zu geben. Sollen andere Mitarbeiter zur Kündigung berechtigt sein - beispielsweise sonstige Mitarbeiter der Personalabteilung oder der kaufmännische Leiter einer Niederlassung –, ist eine besondere Bekanntgabe dieses Umstandes bei der Arbeitnehmerschaft erforderlich. Diese Bekanntgabe kann bereits im Arbeitsvertrag erfolgen. Auch die Bekanntgabe durch einen Geschäftsverteilungsplan oder eine Dienstanweisung ist ausreichend.

Kündigt ein bevollmächtigter Vertreter des Arbeitgebers, kann der Arbeitnehmer die Kündigung zurückweisen, wenn ihm die Vertretung nicht bekannt ist.

Beispiel: Ein Vorarbeiter kündigt einem Mitglied seiner Kolonne. Er teilt dem Arbeitnehmer mit, die Kündigung erfolge im Auftrag des Arbeitgebers. Eine schriftliche Vollmacht wird nicht vorgelegt. Weist der Arbeitnehmer die Kündigung aus diesem Grund zurück, ist die Kündigung unwirksam. Es muss erneut gekündigt werden und dann vom Arbeitgeber selbst.

Wenn die Kündigung im Auftrag, also mit dem Kürzel **„i. A."** unterzeichnet ist, so ist nach der Rechtsprechung die Kündigung unwirksam. Der Unterzeichnende bringt damit nämlich zum Ausdruck, dass er die Kündigungserklärung nicht selbst verfasst hat, sondern diese von seinem Auftraggeber stammt und er sie nur übermittelt. Etwas anderes gilt für die Unterzeichnung in Vertretung also für das Kürzel **„i. V."**. Der Vertreter hat allerdings - wie oben erwähnt - zusammen mit der Kündigung seine Vertretungsmacht nachzuweisen. Dieser Nachweis erfolgt regelmäßig durch Vorlage der Original-Vollmachtsurkunde.

Tipp: Sollte übrigens derjenige, der Ihren Arbeitsvertrag unterzeichnet hat, auch die Ihnen gegenüber erklärte Kündigung unterzeichnen, sollten Sie dennoch die Kündigung zurückweisen, wenn einer der oben beschriebenen Fälle vorliegt. Die Meinung, dass der Unterzeichner des Arbeitsvertrags diesen auch kündigen darf, ist zwar weit verbreitet, aber falsch. Es kommt immer auf die Rechtsverhältnisse im Gesellschaftsvertrag an.

IV. Kündigungserklärung „unter Bedingung", Teilkündigung

Grundsätzlich darf eine Kündigung nicht unter einer Bedingung ausgesprochen werden. Sie wäre mangels Bestimmtheit unwirksam.

Beispiele:
- Ein Arbeitnehmer kündigt an, eigenmächtig Urlaub zu nehmen. Der Arbeitgeber kündigt verhaltensbedingt für den Fall, dass der Arbeitnehmer tatsächlich eigenmächtig Urlaub antrete. Diese Kündigung ist unwirksam, selbst wenn der Arbeitnehmer eigenmächtig Urlaub nimmt.
- Ein Arbeitgeber kündigt betriebsbedingt für den Fall, dass künftig nicht mehr Aufträge eingehen. Die Kündigung ist nicht wirksam.
- Das Arbeitsverhältnis mit einer Raumreinigerin wird gekündigt, weil ein Großkunde des Arbeitgebers den Reinigungsauftrag nicht verlängert. In der Kündigung wird mitgeteilt, dass die Kündigung bei einer Neubeauftragung durch den Großkunden gegenstandslos wird. Diese Kündigung ist ebenfalls nicht wirksam.
- Ein Arbeitgeber kündigt verhaltensbedingt für den Fall, dass die künftige Leistung des Arbeitnehmers weiterhin nicht zufriedenstellend ist. Auch diese Kündigung ist unwirksam.

Etwas anderes als die Kündigung unter einer Bedingung ist die Änderungskündigung. Diese unterscheidet sich von der Beendigungskündigung nur dadurch, dass dem Arbeitnehmer ein Angebot auf Fortsetzung des Arbeitsverhältnisses zu geänderten Bedingungen unterbreitet wird. Hierzu jedoch später.

Im Gegensatz zur Kündigung „unter Bedingung" ist die **vorsorgliche** Kündigung oder auch **hilfsweise** Kündigung genannt, zulässig. Meist erklärt der Arbeitgeber damit eine außerordentliche Kündigung, die aber für den Fall, dass diese unwirksam wäre, als eine ordentliche Kündigung gelten soll.

Beispiel: Bei zuvor oder gleichzeitig ausgesprochener außerordentlicher Kündigung wird vorsorglich hilfsweise eine ordentliche Kündigung ausgesprochen für den Fall, dass der Grund, der zur außerordentlichen Kündigung geführt hat, nicht vor dem Arbeitsgericht nachgewiesen werden kann.

Unzulässig ist der Vorschlag des Arbeitgebers, der Arbeitnehmer solle sich wegen einer vorübergehenden schlechten Auftragslage **vorübergehend arbeitslos melden**. Es handelt sich hierbei nicht um eine Kündigung, selbst wenn in Aussicht gestellt wird, dass eine Wiedereinstellung nach Besserung der Auftragslage erfolgt.

Eine Kündigung, mit der nur ganz bestimmte abgrenzbare Regelungen des Arbeitsvertrags gekündigt werden, also eine Teilkündigung, ist nicht wirksam.

Beispiel: Ein Arbeitgeber hat mit seinem Arbeitnehmer im Arbeitsvertrag vereinbart, dass dem Arbeitnehmer 50 Werktage Urlaub zustehen. Der Arbeitgeber kündigt diese Urlaubsregelung. Der Rest des Arbeitsvertrags soll bestehen bleiben. Diese Kündigung ist nicht wirksam.

Auch in diesen Fällen ist eine Änderungskündigung auszusprechen.

V. Mitteilung des Kündigungsgrundes

Grundsätzlich braucht der Kündigungsgrund in der Kündigungserklärung selbst **nicht** angegeben zu werden. Davon bestehen allerdings Ausnahmen, beispielsweise im Bereich Bildung und Mutterschutz. Nach § 9 Abs. 3 Mutterschutzgesetz ist in der Kündigungserklärung der „zulässige Kündigungsgrund" anzugeben. Mit „zulässigem Kündigungsgrund" ist nicht der Kündigungsgrund des Arbeitgebers gemeint, sondern der Kündigungsgrund, der die für den Arbeitsschutz zuständige oberste Landesbehörde (diese ist von Bundesland zu Bundesland verschieden) veranlasst hat, die beabsichtigte Kündigung für zulässig zu erklären.

Beispiel: Einer Arbeitnehmerin wird während des Mutterschutzes gekündigt. Das Kündigungsschreiben ist wie folgt formuliert: „Hiermit kündigen wir den mit Ihnen bestehenden Arbeitsvertrag ordentlich und fristgerecht. Da wir sämtlichen Mitarbeitern der Abteilung ‚Marketing und Werbung' gekündigt haben, wird auch Ihr Arbeitsverhältnis gekündigt." Da der Arbeitgeber für die Kündigung einer sich im Mutterschutz befindlichen Arbeitnehmerin die Zustimmung der für den Arbeitsschutz zuständigen obersten Landesbehörde benötigt, hat er vor Ausspruch der Kündigung dieser Behörde mitgeteilt, dass die Abteilung, in der die Arbeitnehmerin beschäftigt ist, wegen einer unternehmerischen Entscheidung komplett geschlossen wird. Daraufhin wurde die Kündigung von der Behörde für zulässig erklärt. Da jedoch der Arbeitgeber Fehler bei der Formulierung des „zulässigen Kündigungsgrundes" im Kündigungsschreiben gemacht hat, ist die Kündigung unwirksam.

Im Übrigen kann auch in einer Betriebsvereinbarung oder in einem Tarifvertrag geregelt sein, dass die Kündigungsgründe schriftlich anzugeben sind.

Im Falle einer **außerordentlichen Kündigung** brauchen Kündigungsgründe nicht bekannt gegeben zu werden. Erst wenn der Arbeitnehmer die Bekanntgabe der Kündigungsgründe **verlangt**, muss der Arbeitgeber die Kündigungsgründe unverzüglich schriftlich mitteilen. Teilt der Arbeitgeber die Kündigungsgründe trotz Aufforderung nicht mit, könnte sich der Arbeitgeber schadensersatzpflichtig machen, und er hat möglicherweise die Kosten des Arbeitnehmers für einen unnötig geführten Rechtsstreits zu tragen.

Beispiel: Der Arbeitgeber kündigt außerordentlich einem Arbeitnehmer. Er begründet die Kündigung nicht und geht auch auf die Aufforderung des Arbeitnehmers, die Kündigungsgründe zu nennen, nicht ein. Er meint, der Arbeitnehmer wisse genau, weshalb ihm gekündigt wurde. Der Arbeitnehmer reicht daraufhin Kündigungsschutzklage ein. Die dabei entstehenden Rechtsanwaltskosten kann er vom Arbeitgeber ersetzt verlangen, wenn er darlegen kann, dass er die Kündigung akzeptiert und den Kündigungsschutzprozess nicht geführt hätte, wenn ihm die Kündigungsgründe bekannt gewesen wären.

VI. Zugang der Kündigung

Beim Zugang der Kündigung können erhebliche Schwierigkeiten auftreten. Beispielsweise kann bei einer Versendung der Kündigung durch einfachen Brief der Arbeitnehmer erfolgreich behaupten, er habe die Kündigung nie erhalten. Dies gilt auch bei einer Kündigung per Einschreiben. Wenn lediglich der Benachrichtigungsschein in den Briefkasten geworfen wird und der Arbeitnehmer die Post nicht abholt, findet kein Zugang der Kündigung statt. Deshalb wird die

Kündigung dem Arbeitnehmer meist **persönlich übergeben**. Wird dabei eine schriftliche Bestätigung der Übergabe der Kündigung vom Arbeitnehmer verlangt, so muss der Arbeitnehmer die Übergabe schriftlich bestätigen. Damit wird selbstverständlich nur die Übergabe und nichts weiter bestätigt. Die Kündigung selbst akzeptiert der Arbeitnehmer damit nicht. Verweigert der Arbeitnehmer die persönliche Übergabe des Kündigungsschreibens, gilt die Kündigung dennoch als zugegangen.

Beispiel: Einem Arbeitnehmer soll im Büro des Arbeitgebers ein Kündigungsschreiben übergeben werden. Der Arbeitnehmer weigert sich, dieses überhaupt durchzulesen und lässt das Schreiben auf dem Schreibtisch des Arbeitgebers liegen. Die Kündigung gilt als zugegangen. Allerdings gerät der Arbeitgeber in einem gerichtlichen Verfahren in Beweisschwierigkeiten, wenn er für den Zugang des Kündigungsschreibens keinen Zeugen hat. Deshalb wird in solchen Situationen vom Arbeitgeber regelmäßig ein Zeuge hinzugezogen.

Es ist nicht notwendig, dass das Kündigungsschreiben dem Arbeitnehmer persönlich übergeben wird. Es reicht aus, dass es an eine Person übergeben wird, die zur Entgegennahme der Kündigung berechtigt ist. Das sind insbesondere **Familienangehörige**, **Lebensgefährten** oder **Vermieter**. Nicht empfangsberechtigt sind Kinder, Nachbarn oder Handwerker, welche sich zufällig in der Wohnung des Arbeitnehmers aufhalten. In diesen Fällen ist die Kündigung nicht zugegangen und somit auch nicht wirksam. Das Arbeitsverhältnis besteht weiter.

Beispiel: Der Arbeitgeber kündigt das Arbeitsverhältnis mit einem Arbeitnehmer und überreicht an der Wohnungstür des Arbeitnehmers die Kündigung dessen Ehefrau. Damit gilt die Kündigung als dem Arbeitnehmer zugegangen. Als Tag des Zugangs gilt die Übergabe des Schreibens an die Ehefrau und nicht der Tag, an dem die Ehefrau die Kündigung ihrem Ehemann übergibt.

Beim Einwurf der Kündigung durch **Boten** in den Briefkasten des Arbeitnehmers gilt Folgendes: Die Kündigung ist erst dann zugegangen, wenn damit zu rechnen ist, dass der Arbeitnehmer den Briefkasten leert. Der Bote wird im Streitfall vom Arbeitsgericht als Zeuge für den Zugang der Kündigung vernommen. Er kann nur dann erfolgreich Zeuge sein, wenn er den Inhalt des eingeworfenen Schreibens auch gelesen hat. Kennt er den Inhalt des Schreibens nicht, weil es sich in einem verschlossenen Umschlag befunden hat, so kann er die Übergabe der Kündigung nicht bezeugen, selbst wenn ihm der Arbeitgeber mitgeteilt hat, dass sich in diesem Umschlag ein Kündigungsschreiben befindet.

Eine Kündigung durch **Einwurf-Einschreiben** führt häufig dazu, dass der Arbeitgeber den Zugang des Kündigungsschreibens nicht beweisen kann. Der Auslieferungsbeleg ist nämlich kein Beweismittel für den Zugang des Schriftstücks. Lediglich der Postbote kann im Kündigungsschutzprozess für den Zugang des Schreibens Zeuge sein. Ob dieser sich Monate nach dem Einwurf des Einschreibens noch erinnert, ist ein Problem des Arbeitgebers. Auch das Übergabe-Einschreiben ist nicht schon dann zugegangen, wenn der Postzusteller bei der Zustellung niemanden antrifft und einen Benachrichtigungszettel hinterlässt. Das Übergabe-Einschreiben ist erst dann zugegangen, wenn es dem Empfänger ausgehändigt wird.

Ist der Empfänger des Kündigungsschreibens **urlaubsabwesend**, inhaftiert oder **stationär im Krankenhaus**, ändert sich nichts hinsichtlich der Regeln des Zugangs von Kündigungen. Auch einem urlaubsabwesenden Arbeitnehmer kann gekündigt werden. Dies selbst dann, wenn dem Arbeitgeber bekannt ist, dass der Arbeitnehmer verreist ist. Hat ein ausländischer Arbeitnehmer dem Arbeitgeber seine Heimatadresse mitgeteilt und befindet er sich auf Heimaturlaub, hat der Arbeitgeber die Kündigung an die Heimatadresse zu senden. Da dies allerdings mit Risiken verbunden ist, wird meist zugleich an die inländische Adresse ein Kündigungsschreiben gesandt. Diese Doppelkündigung ist zulässig und wirksam, wenn auch nur eine Kündigung den Empfänger erreicht.

Wichtiger Hinweis: Eine Kündigung per **Telefax** oder **E-Mail** ist **unwirksam**, da die eigenhändige Unterschrift fehlt.

Beispiel: Da innerhalb des Unternehmens per E-Mail kommuniziert wird, erhält ein Arbeitnehmer die Kündigung per E-Mail mit eingescannter Unterschrift des Arbeitgebers. Diese Kündigung ist nicht wirksam.

Weitere Probleme beim Zugang von Kündigungen können auftreten, wenn ein Arbeitnehmer seine Wohnung wechselt. Die Anforderungen der Rechtsprechung an die Mitteilungspflichten des Arbeitnehmers sind nicht besonders hoch. Das Bundesarbeitsgericht hat in einem Fall entschieden, dass es ausreicht, wenn der erkrankte Arbeitnehmer eine ärztliche Arbeitsunfähigkeitsbescheinigung beim Arbeitgeber einreicht, in der die neue Wohnanschrift eingetragen ist. Ein zusätzlicher ausdrücklicher Hinweis auf den erfolgten Wohnungswechsel ist nicht notwendig. Sendet in einem solchen Fall der Arbeitgeber die Kündigung an die frühere Wohnanschrift und verzögert sich deshalb der Zugang, kann sich der Arbeitnehmer auf den späteren Zugang berufen. Damit ist unter Umständen die Kündigung erst zum nächsten Kündigungstermin möglich, womit der Arbeitnehmer einen Monat länger im ungekündigten Arbeitsverhältnis steht.

VII. Kündigungsfristen und Kündigungstermine

Unter **Kündigungsfrist** wird die Zeitdauer vom Ausspruch der Kündigung bis zur Beendigung des Arbeitsverhältnisses verstanden. Sie kann zwei Wochen oder einen oder mehrere Monate betragen.

Der **Kündigungstermin** ist der Tag, auf den eine Kündigung nur erfolgen kann. Dies ist entweder der 15. eines Monats oder das Monatsende, also der 30. bzw. 31. eines Monats. Lediglich in der Probezeit kann auf jeden beliebigen Tag, also beispielsweise auf den 13. eines Monats, gekündigt werden.

Die Berechnung der Kündigungsfrist und die Feststellung des Kündigungstermins richtet sich nach § 622 BGB, wenn nicht der Arbeitsvertrag eine für den Arbeitnehmer günstigere Regelung enthält. Tarifverträge können für den Arbeitnehmer im Vergleich zur Regelung des § 622 BGB ungünstigere Regelungen enthalten. Ist dieser Tarifvertrag insgesamt für das Arbeitsverhältnis – wenn auch nur durch einzelvertragliche Vereinbarung – anzuwenden, gelten die Kündigungsregeln des Tarifvertrags.

Die Grundfrist des § 622 BGB beträgt **vier Wochen zum 15. oder zum Ende eines Kalendermonats**. Nach der Staffelregelung des § 622

Abs. 2 BGB verlängert sich die Kündigungsfrist von einem Monat zum Ende eines Kalendermonats bei einem zweijährigen Bestand des Arbeitsverhältnisses bis zu sieben Monate zum Ende eines Kalendermonats nach 20 Jahren Bestand des Arbeitsverhältnisses.

Hat das Arbeitsverhältnis

- 2 Jahre bestanden, beträgt die Kündigungsfrist einen Monat zum Ende eines Kalendermonats
- 5 Jahre bestanden, beträgt die Kündigungsfrist zwei Monate zum Ende eines Kalendermonats
- 8 Jahre bestanden, beträgt die Kündigungsfrist drei Monate zum Ende eines Kalendermonats
- 10 Jahre bestanden, beträgt die Kündigungsfrist vier Monate zum Ende eines Kalendermonats
- 12 Jahre bestanden, beträgt die Kündigungsfrist fünf Monate zum Ende eines Kalendermonats
- 15 Jahre bestanden, beträgt die Kündigungsfrist sechs Monate zum Ende eines Kalendermonats
- 20 Jahre bestanden, beträgt die Kündigungsfrist sieben Monate zum Ende eines Kalendermonats

Wichtiger Hinweis: Bei der Berechnung der Beschäftigungsdauer dürfen Zeiten vor der **Vollendung des 25. Lebensjahres** des Arbeitnehmers nicht berücksichtigt werden. Das 25. Lebensjahr ist übrigens am 25. Geburtstag des Arbeitnehmers vollendet.

In der Probezeit kann das Arbeitsverhältnis mit einer Frist von zwei Wochen gekündigt werden.

Beispiel: Ein Arbeitnehmer hat eine Kündigungsfrist von zwei Wochen. Die Kündigung geht ihm am 10. Mai zu. Die Kündigungsfrist beginnt damit am 11. Mai und endet mit Ablauf des 24. Mai.

Dic Kündigungsfristen berechnen sich nach den allgemeinen Regeln des BGB. Probleme können sich ergeben, wenn der letzte Tag, an dem hätte gekündigt werden können, auf einen Samstag, Sonntag oder Feiertag fällt.

Beispiel: Ein Arbeitnehmer hat eine Kündigungsfrist von einem Monat zum Monatsende. Geht die Kündigung am 31. Mai zu, wird die Kündigung zum 30. Juni wirksam. Sollte sie dem Arbeitnehmer jedoch erst am 1. Juni zugehen, wird sie erst zum 31. Juli, also einen Monat später, wirksam.

Kündigungen können auch an Feiertagen oder dem Heiligabend dem Arbeitnehmer überreicht werden. Es handelt sich hierbei nicht um eine unzulässige Kündigung „zur Unzeit". Dies wäre erst dann der Fall, wenn hierzu noch besonders beeinträchtigende Umstände hinzutreten.

Errechnet der Arbeitgeber die Kündigungsfrist nicht korrekt, so ist zu unterscheiden, ob die berechnete Frist länger oder kürzer als die gesetzliche oder vertragliche Kündigungsfrist ist. Kündigt der Arbeitgeber mit einer Frist, die länger als die gesetzliche oder vertragliche Kündigungsfrist ist, so gilt diese längere Frist. Kündigt er jedoch mit einer kürzeren als der zulässigen Kündigungsfrist, so verlängert sich die Kündigungsfrist automatisch auf den nächst zulässigen Zeitpunkt.

Beispiel: Ein Arbeitgeber kündigt einem Arbeitnehmer, der bereits seit fünf Jahren im Betrieb ist, am 31. März auf den 30. April. Die Kündigungsfrist wurde also nicht korrekt berechnet. Statt nur einem hat der Arbeitnehmer wegen der Dauer seiner Betriebszugehörigkeit zwei Monate Kündigungsfrist. Die nicht korrekte Berechnung der Kündigungsfrist führt nicht zur Unwirksamkeit der Kündigung selbst. Die nicht zutreffende Kündigungsfrist wird lediglich durch die korrekte zwei-Monats-Frist ersetzt.

Tipp: Bemühen Sie sich im Falle einer nicht korrekt berechneten Kündigungsfrist um die schriftliche Korrektur der Kündigungsfrist beim Arbeitgeber. Damit werden Schwierigkeiten bei der Agentur für Arbeit im Zusammenhang mit dem Arbeitslosengeld vermieden. Die Agenturen für Arbeit müssen bei der Gewährung von Arbeitslosengeld darauf achten, dass auf jeden Fall die Kündigungsfrist eingehalten worden ist. Ist im Kündigungsschreiben eine zu kurz bemessene Kündigungsfrist genannt, kann es zu Nachteilen bei der Gewährung von Arbeitslosengeld führen.

Nach § 622 Abs. 5 Satz 1 Nr. 2 BGB kann die **gesetzliche Mindestkündigungsfrist** des § 622 Abs. 1 BGB einzelvertraglich **verkürzt** werden, wenn der Arbeitnehmer zur vorübergehenden Aushilfe eingestellt ist oder der Arbeitgeber in der Regel nicht mehr als 20 Arbeitnehmer beschäftigt und die Kündigungsfrist vier Wochen nicht unterschreitet.

Im Falle der **vorübergehenden Aushilfe** muss im Arbeitsvertrag eine sog. Aushilfsklausel enthalten sein. Wenn tatsächlich ein Aushilfsarbeitsverhältnis vorliegt, so gibt es überhaupt keine Mindestkündigungsfrist. Da aber aus dem Gesetz zu entnehmen ist, dass zwar keine Mindestkündigungsfrist besteht, dennoch aber irgendeine Kündigungsfrist zu vereinbaren ist, sehen die meisten Aushilfsarbeitsverträge eine Kündigungsfrist von ein oder zwei Tagen vor.

Kleinunternehmen können zwar ebenfalls die gesetzliche Mindestkündigungsfrist unterschreiten, aber nur ganz geringfügig. Lediglich für die ersten beiden Jahre des Bestehens des Arbeitsverhältnisses kann eine Verkürzung der Kündigungsfrist erfolgen und dann auch nur in der Weise, dass die Kündigungsfrist von vier Wochen selbst nicht abgekürzt werden kann. Lediglich die Kündigungstermine 15. und 1. eines Monats entfallen. Es kann also auf jeden beliebigen Tag mit einer Frist von vier Wochen gekündigt werden.

VIII. Kündigung vor Arbeitsantritt

Eine Kündigung kann schon vor Arbeitsantritt erklärt werden.

Beispiel: Ein Arbeitnehmer freut sich, dass endlich eine seiner zahlreichen Bewerbungen Erfolg hatte und unterzeichnet einen Arbeitsvertrag, wonach er bereits am nächsten Monatsersten seinen neuen Arbeitsplatz antreten darf. Zwei Tage vor Arbeitsbeginn erreicht ihn ein Schreiben seines neuen Arbeitgebers, mit dem dieser das noch nicht begonnene Arbeitsverhältnis kündigt. Der Arbeitnehmer fragt sich nun, ob der Arbeitgeber tatsächlich kündigen durfte.

Ein Arbeitsvertrag darf auch schon vor Beginn des Arbeitsverhältnisses – also vor Arbeitsantritt – gekündigt werden. Ist aber ausnahmsweise im Arbeitsvertrag vereinbart, dass eine Kündigung vor Arbeitsantritt nicht zulässig ist, so darf erst am ersten Arbeitstag gekündigt werden. Die Dauer der Kündigungsfrist entspricht der vereinbarten Kündigungsfrist. Wurde keine Kündigungsfrist und keine Probezeit vereinbart, gilt die gesetzliche Kündigungsfrist von vier Wochen zum 15. oder zum Monatsende. Die Frist beginnt regelmäßig mit dem Zugang der Kündigung zu laufen. Wurde hingegen eine Probezeit vereinbart, so kann das Arbeitsverhältnis mit einer Frist von zwei Wochen auf jeden beliebigen Tag gekündigt werden. Im obigen Beispiel hat der Arbeitnehmer immerhin noch zwei bzw. vier Wochen zu arbeiten, je nachdem ob eine Probezeit vereinbart war.

IX. Checkliste: Kündigungserklärung

- ☐ Schriftliche Kündigungserklärung
- ☐ Erklärung der Kündigung als ordentliche oder außerordentliche (also mit Einhaltung der Kündigungsfrist oder ohne Einhaltung der Kündigungsfrist). Zu beachten sind aber Besonderheiten bei unkündbaren Arbeitnehmern
- ☐ Eigenhändige Unterschrift (kein Telefax usw.)
- ☐ Unterschrift durch den Arbeitgeber selbst oder seines Vertreters
- ☐ keine Kündigung unter Bedingung
- ☐ Kündigung rechtzeitig beim Arbeitnehmer zugegangen
- ☐ Kündigungsfrist und Kündigungstermin eingehalten

B. Ordentliche und außerordentliche Kündigung

Die ordentliche Kündigung wird unter Einhaltung der Kündigungsfrist ausgesprochen. Sie ist in der Regel an die Einhaltung bestimmter Kündigungstermine gebunden. Die Kündigungsfristen und Kündigungstermine wurden im vorangegangenen Kapitel behandelt. Die außerordentliche Kündigung – auch fristlose Kündigung genannt – erfolgt ohne Einhaltung einer Kündigungsfrist.

I. Außerordentliche Kündigung aus wichtigem Grund

Die außerordentliche Kündigung darf nach § 626 Abs. 1 BGB nur aus einem **wichtigen Grund** erfolgen. Die außerordentliche Kündigung wird regelmäßig ausgesprochen, wenn die Einhaltung der Kündigungsfrist für den Arbeitgeber **unzumutbar** ist. Dies ist der Fall, wenn der Arbeitnehmer in besonders schwerer Weise gegen den Arbeitsvertrag verstoßen hat.

Beispiel: Ein Arbeitnehmer stiehlt Eigentum des Arbeitgebers.

Ob eine ordentliche Kündigung ausgesprochen werden muss oder ob die Einhaltung der Kündigungsfrist für den Arbeitgeber unzumutbar ist, muss unter Abwägung aller Umstände festgestellt werden. Hierbei sind folgende Überlegungen maßgebend:

- Die Schwere der Verfehlung des Arbeitnehmers. Je schwerer der Verstoß des Arbeitnehmers gegen den Arbeitsvertrag ist, desto eher darf der Arbeitgeber außerordentlich kündigen.
- Je länger die ordentliche Kündigungsfrist ist, desto eher ist dem Arbeitgeber die Einhaltung der Kündigungsfrist nicht zuzumuten.
- Je mehr Kündigungsgründe zusammentreffen, desto eher ist eine außerordentliche Kündigung gerechtfertigt.
- Je länger ein Arbeitsverhältnis besteht, desto höhere Anforderungen werden an die Unzumutbarkeit der Einhaltung der Kündigungsfrist gestellt.

Zwischen der ordentlichen und der außerordentlichen Kündigung besteht lediglich ein graduelles Gefälle. Es gibt daher regelmäßig **Grenzfälle**, in denen sowohl die ordentliche als auch die außerordentliche Kündigung in Betracht kommt. In diesen Grenzfällen wird von einem arbeitsrechtlich informierten Arbeitgeber zugleich mit der außerordentlichen Kündigung vorsorglich eine ordentliche Kündigung ausgesprochen:

Beispiel: „Mit sofortiger Wirkung kündigen wir Ihr Arbeitsverhältnis. Vorsorglich sprechen wir aus denselben Gründen zugleich die ordentliche Kündigung zum nächsten zulässigen Zeitpunkt aus, weil uns eine Trennung in jedem Fall geboten erscheint. Der Betriebsrat ist angehört worden und hat sowohl der außerordentlichen als auch der ordentlichen Kündigung zugestimmt."

Wie bereits erwähnt, ist es nicht immer eindeutig feststellbar, ob für den Arbeitgeber das Einhalten der Kündigungsfrist noch zumutbar ist oder nicht mehr zumutbar. Die arbeitsgerichtliche Rechtsprechung tendiert in den letzten Jahren dazu, die außerordentliche Kündigung zugunsten der ordentlichen Kündigung etwas zurückzudrängen. Sie sollten deshalb im Falle einer außerordentlichen Kündigung wegen Unzumutbarkeit der Einhaltung der Kündigungsfrist ernsthaft erwägen, ob gegen diese Kündigung gerichtlich vorgegangen werden soll.

Tipp: Wird gegen eine außerordentliche Kündigung wegen Nichteinhaltung der Kündigungsfrist Kündigungsschutzklage erhoben, so schlagen die Arbeitsrichter nicht selten im Rahmen des Versuchs einer gütlichen Einigung vor, das Arbeitsverhältnis bis zum Ablauf der ordentlichen Kündigungsfrist weiter bestehen zu lassen. Dies hat für den Arbeitnehmer zusätzlich den Vorteil, dass im Zusammenhang mit der Gewährung von Arbeitslosengeld keine Kürzungen vorgenommen werden.

Ist dem Arbeitgeber der **Grund für die außerordentliche Kündigung** bereits länger als **zwei Wochen** bekannt, kann gem. § 626 Abs. 2 BGB nicht mehr außerordentlich gekündigt werden. Maßgebend für den Ablauf der Frist ist der Zugang der Kündigung beim Arbeitnehmer. Für die Zeit der Aufklärung des zur Kündigung führenden Sachverhalts ist der Fristablauf gehemmt. Damit zählt die Zeit der Aufklärung bei Berechnung der Zwei-Wochen-Frist nicht mit. Die Zwei-Wochen-Frist beginnt also erst mit der vollständigen Aufklärung des Tatbestandes.

Beispiel: Bei strafbaren Handlungen des Arbeitnehmers darf der Arbeitgeber den Ausgang des Strafverfahrens abwarten.

Bei der Berechnung der Zwei-Wochen-Frist treten häufig Fehler auf, da der Beginn der Frist meist sehr schwer zu bestimmen ist.

Beispiel: Es wird eine außerordentliche Kündigung wegen Diebstahls ausgesprochen. Der Arbeitgeber hat erfahren, dass ein bestimmter Mitarbeiter des öfteren bereits Werkzeug gestohlen haben soll. Nach weiteren zwei Wochen erfährt er, dass ein anderer Mitarbeiter einen weiteren Diebstahl dieses Arbeitnehmers beobachtet haben soll. Nach wiederum zwei Wochen beobachtet der Arbeitgeber selbst, wie dieser Arbeitnehmer ein Werkzeug einsteckt.

Der Arbeitgeber hat genau zu prüfen, ob die ihm bekannten Informationen bereits für eine Begründung der Kündigung ausreichen. Er darf also nicht wie im obigen Beispiel warten, bis er selbst einen Diebstahl beobachtet, sondern muss der Sache nachgehen und zügig Ermittlungen durchführen. Hierzu gehört beispielsweise die genaue Befragung des Zeugen.

Die Kündigung muss während der Zwei-Wochen-Frist dem Arbeitnehmer zugehen. Diese Frist einzuhalten, ist für Arbeitgeber vor allem in Betrieben mit einem **Betriebsrat** nicht einfach. Der Betriebsrat ist nämlich vor Erklärung der Kündigung anzuhören. Die Betriebsratsanhörung muss innerhalb der Zwei-Wochen-Frist erfolgen und auch abgeschlossen sein. Bei der außerordentlichen Kündigung hat der Betriebsrat drei Tage Zeit, eine Stellungnahme abzugeben. Somit hat der Arbeitgeber nur zehn Tage nach Kenntnisnahme der Kündigungsgründe Zeit, den Betriebsrat anzuhören. An diese Anhörung werden hohe Anforderungen gestellt: Der Betriebsrat muss nämlich über sämtliche Aspekte des Kündigungsgrundes sowie über die sozialen Hintergründe und eventuell vorangegangene Abmahnungen informiert werden. Hierzu mehr in einem späteren Kapitel.

Möchte der Arbeitgeber nicht nur außerordentlich wegen des Diebstahls kündigen, sondern auch zugleich eine **Verdachtskündi-**

gung aussprechen, so muss der Betriebsrat auch zu dieser Verdachtskündigung angehört werden. Eine Verdachtskündigung wird ausgesprochen, wenn der Arbeitgeber die Straftat nicht ausreichend beweisen kann, jedoch genügend Anhaltspunkte für das Vorliegen der Straftat hat.

Tipp: Eine außerordentliche Kündigung wegen einer Straftat ist häufig wegen Nichteinhaltung der Zwei-Wochen-Frist nicht wirksam, weil zwar ein Abteilungsleiter Kenntnis von den Kündigungsgründen hat, diese Kenntnis jedoch nicht rechtzeitig dem Arbeitgeber weitergegeben wird.

Beispiel: Der Leiter des Lagers beobachtet einen Arbeitnehmer beim Diebstahl. Er gibt diese Kenntnis aber nicht sofort dem Arbeitgeber weiter, sondern wartet zwei Wochen. Damit kann der Arbeitgeber nicht mehr rechtzeitig kündigen, wenn diese innerbetriebliche Verzögerung dem Arbeitgeber zugerechnet werden kann.

Stellt sich eine außerordentliche Kündigung im Nachhinein als **unwirksam** heraus, kann sie in eine ordentliche Kündigung umgedeutet werden. Es ist auch möglich, einer außerordentlichen Kündigung eine ordentliche Kündigung nachzuschieben. Allerdings ist Voraussetzung für die Umdeutung bzw. für das Nachschieben einer ordentlichen Kündigung, dass der Betriebsrat zuvor ordnungsgemäß auch zur ordentlichen Kündigung angehört worden ist.

Die Umdeutung einer Kündigung kann nur von einer außerordentlichen in eine ordentliche Kündigung erfolgen, nicht umgekehrt. Die Umdeutung einer ordentlichen Kündigung in eine außerordentliche ist nicht möglich, da die außerordentliche Kündigung in ihren Wirkungen weitergeht als die ordentliche Kündigung.

Beispiele:

- Einem Arbeitnehmer wird wegen Annahme von Schmiergeldern unter Einhaltung der ordentlichen Kündigungsfrist gekündigt. Kurz nach Erklärung der Kündigung erfährt der Arbeitgeber, dass eine außerordentliche Kündigung ebenfalls möglich gewesen wäre. Eine Umdeutung der ordentlichen Kündigung in eine außerordentliche ist nicht möglich.
- Ein Arbeitgeber kündigt einem Arbeitnehmer unter Einhaltung der gesetzlichen Kündigungsfrist. Später stellt er fest, dass der Arbeitnehmer

unkündbar war. Er möchte nun die ordentliche Kündigung in eine außerordentliche mit sozialer Auslauffrist umdeuten. Auch dies ist nicht möglich.

II. Außerordentliche Kündigung mit „sozialer Auslauffrist“

Neben der außerordentlichen Kündigung aus wichtigem Grund gibt es **besondere Fälle**, in denen ebenfalls außerordentlich zu kündigen ist, weil eine ordentliche Kündigung durch Gesetz ausgeschlossen ist. Dies sind folgende Fälle:

- Kündigung von Mitgliedern des **Betriebsrats**. Diese dürfen bis zum Ablauf eines Jahres nach Beendigung der Mitgliedschaft im Betriebsrat nicht ordentlich gekündigt werden.
- Kündigung älterer bzw. langjähriger Arbeitnehmer mit **vertraglichem oder tariflichem Kündigungsschutz**. Besonders praxisrelevant ist der tarifliche Kündigungsschutz für die Arbeitnehmer des öffentlichen Dienstes. Nach dem TVöD können Arbeitnehmer in den westlichen Bundesländern nach dem 40. Lebensjahr nicht mehr gekündigt werden, wenn sie seit 15 Jahren beim selben Arbeitgeber arbeiten.
- Kündigung **befristeter** Arbeitsverhältnisse ohne Vereinbarung der Zulässigkeit einer ordentlichen Kündigung.

Bei diesen Fallgruppen, also den „unkündbaren Arbeitnehmern“, ist zum Schutz der Arbeitnehmer die ordentliche Kündigung durch Gesetz, Tarifvertrag oder Einzelvertrag ausgeschlossen. Allerdings kann nur die ordentliche, nicht jedoch die außerordentliche Kündigung ausgeschlossen werden. Das Recht zur außerordentlichen Kündigung darf nicht ausgeschlossen werden. Beabsichtigt nun ein Arbeitgeber, einem unkündbaren Arbeitnehmer dennoch zu kündigen, so bleibt ihm nur der Ausspruch einer außerordentlichen Kündigung. Dann aber wäre der unkündbare Arbeitnehmer schlechter gestellt, als ein ordentlich kündbarer Arbeitnehmer. Dieser dürfte nämlich nur unter Einhaltung einer Kündigungsfrist gekündigt werden. Deshalb hat die Rechtsprechung für die oben genannten Fälle unkündbarer Arbeitnehmer eine „soziale Auslauffrist“ entwickelt. Die soziale Auslauffrist besagt, dass das Arbeitsverhältnis nicht sofort mit Erklärung der Kündigung endet, sondern der Beendigungstermin auf einen späteren Zeitpunkt hinausgeschoben ist. Dieses Hinausschieben des Zeitpunkts der Beendigung des Arbeitsverhältnisses orientiert sich hinsichtlich seiner Dauer an der im Falle einer ordentlichen Kündigung geltenden Kündigungsfrist.

C. Kündigungshindernisse

Bestimmte Arbeitnehmer dürfen nicht gekündigt werden, selbst wenn ein Kündigungsgrund eindeutig vorliegt. Soll dennoch gekündigt werden, muss der Arbeitgeber bestimmte Voraussetzungen einhalten. Insbesondere muss die Zustimmung einer staatlichen Stelle zur Kündigung vorliegen.

I. Mutterschutz und Elternzeit

Das in der Praxis häufigste Kündigungshindernis ergibt sich aus dem Mutterschutzgesetz. Hiernach darf Arbeitnehmerinnen nicht gekündigt werden, wenn im Zeitpunkt des Zugangs der Kündigung eine **Schwangerschaft** besteht oder die Entbindung nicht länger als vier Monate zurückliegt. Die Kündigung einer Schwangeren ist jedoch dann zulässig, wenn dem Arbeitgeber die Schwangerschaft oder die zurückliegende Entbindung nicht bekannt ist.

Wichtiger Hinweis: Zeigt die Arbeitnehmerin die Schwangerschaft oder die Entbindung spätestens zwei Wochen nach Zugang der Kündigung nachträglich an, so kann sie sich auf das Kündigungshindernis berufen. Nach Ablauf von zwei Wochen steht der Arbeitnehmerin nur dann Kündigungsschutz zu, wenn sie unverschuldet die Frist nicht einhalten kann und die Mitteilung unverzüglich nachholt. Sie sollten eine Schwangerschaft dem Arbeitgeber immer nachweisbar mitteilen, beispielsweise durch Hinzuziehung einer Kollegin bei der Übergabe des ärztlichen Attestes.

Ist einer Schwangeren die Schwangerschaft noch unbekannt, so kann nachträglich eine Kündigungsschutzklage zugelassen werden.

Beispiel: Eine Arbeitnehmerin erhält eine Kündigung. Da ihr die Kündigungsgründe zunächst einleuchten, erhebt sie keine Kündigungsschutzklage innerhalb der Klagefrist von drei Wochen. Nach Ablauf der Klagefrist erfährt sie, dass sie im 2. Monat schwanger ist. Sie möchte nun doch Kündigungsschutzklage erheben. Dies ist zulässig, wenn sie aus einem nicht von ihr zu vertretenden Grund erst nach Ablauf der Drei-Wochen-Frist von der Schwangerschaft erfährt. Sie muss dann allerdings unverzüglich Klage erheben und darlegen, weshalb sie erst jetzt Kündigungsschutzklage erhebt. Die Klage ist in diesem Fall vom Arbeitsgericht nachträglich zuzulassen und wird auch erfolgreich sein, da der Arbeitgeber einer schwangeren Mitarbeiterin nicht kündigen darf. Allerdings muss die Klage unverzüglich nach Bekanntwerden der Schwangerschaft erhoben werden.

Das Kündigungsverbot gilt auch für die Probezeit und für die an den Mutterschutz anschließende Elternzeit. Nimmt der Vater Elternzeit, so steht ihm der Kündigungsschutz zu. Möchte ein Arbeitgeber einer durch das Mutterschutzgesetz vor Kündigung geschützten Arbeitnehmerin dennoch kündigen, so braucht er die ausdrückliche **Zustimmung** des zuständigen Landesamts.

II. Schwerbehinderung

Nach dem Sozialgesetzbuch IX sind schwerbehinderte Menschen Personen, die einen vom Versorgungsamt anerkannten Behinderungsgrad von wenigstens **50 %** haben. Den schwerbehinderten Menschen **gleichgestellt** sind Personen, deren Behinderung weniger als 50 %, jedoch mehr als 30 % beträgt. Die Feststellung der Gleichstellung mit behinderten Menschen erfolgt nicht durch das Versorgungsamt, sondern durch die Agentur für Arbeit. Das Kündigungshindernis der Schwerbehinderung gilt allerdings nur für Arbeitnehmer, deren Arbeitsverhältnis bereits länger als sechs Monate besteht.

Die Kündigung Schwerbehinderter und mit diesen gleichgestellten Arbeitnehmer bedarf der vorherigen **Zustimmung des Integrationsamts**. Wird die Zustimmung zur Kündigung vom Integrationsamt erteilt, so muss der Arbeitgeber innerhalb einer Frist von einem Monat nach Zustellung des Bescheids des Integrationsamt die Kündigung erklären.

Der Bescheid des Integrationsamts ist ein Verwaltungsakt, gegen den der schwerbehinderte Mensch Widerspruch einlegen kann. Hält das Integrationsamt dennoch an seiner Zustimmung zur Kündigung fest, kann Anfechtungsklage vor dem Verwaltungsgericht erhoben werden. Allerdings hat diese Klage keine aufschiebende Wirkung, d.h. die Zustimmung wirkt trotz Widerspruch und Anfechtungsklage, weshalb der Arbeitgeber die Kündigung trotz einem laufenden Verwaltungsgerichtsverfahren erklären kann. Hat die Anfechtungsklage später vor dem Verwaltungsgericht Erfolg, wird die bereits vom Arbeitgeber erklärte Kündigung nachträglich unwirksam.

Wird ein schwerbehinderter Arbeitnehmer **außerordentlich gekündigt**, so bestehen zahlreiche Fehlerquellen, deren Kenntnis für den Arbeitnehmer vorteilhaft ist. Entdeckt er nämlich einen Fehler des Arbeitgebers, ist die außerordentliche Kündigung unwirksam. Eine der Fehlerquellen liegt darin, dass der Arbeitgeber zwei Zwei-Wochen-Fristen zu beachten hat. Es handelt sich dabei um die Zwei-Wochen-Frist des § 626 Abs. 2 BGB und um die Zwei-Wochen-Frist des § 91 Abs. 2 Satz 1 SGB IX. Die Zustimmung des Integrationsamts zur Kündigung kann gem. § 91 Abs. 2 Satz 1 SGB IX nur innerhalb von zwei Wochen ab Kenntnis der für die Kündigung maßgebenden Tatsachen beim Integrationsamt beantragt werden. Das Integrationsamt wiederum hat seine Entscheidung ebenfalls innerhalb von zwei Wochen ab Eingang des Antrags des Arbeitgebers auf Zustimmung zu treffen. Wird nun innerhalb dieser Zwei-Wochen-Frist keine Entscheidung getroffen, so gilt die Zustimmung nach dem Gesetz als erteilt. Nach dieser Zustimmungsfiktion bzw. einer tatsächlich erteilten Zustimmung muss der Arbeitgeber entweder innerhalb der Zwei-Wochen-Frist des § 626 Abs. 2 BGB oder im Falle der erteilten Zustimmung nach Ablauf der Zwei-Wochen-Frist des § 626 Abs. 2 BGB unverzüglich nach Zustimmung kündigen. Da bei der außerordentlichen Kündigung alles recht schnell gehen muss, sind Fehler recht häufig.

Tipp: Damit der Arbeitnehmer das Ende der Zwei-Wochen-Frist im Fall der Zustimmungsfiktion bestimmen kann, muss ihm bekannt sein, an welchem Tag der Zustimmungsantrag des Arbeitgebers beim Integrationsamt eingegangen ist. Diese Internas werden regelmäßig nicht dem Arbeitnehmer bekannt gegeben. Sie können jedoch das Datum ermitteln, indem Sie Einsicht in die Personalakte beantragen. Diese Einsichtnahme in die Personalakte muss Ihnen der Arbeitgeber jederzeit während der Arbeitszeit gestatten.

III. Mitgliedschaft im Betriebsrat

Mitglieder des Betriebsrats dürfen nicht ordentlich gekündigt werden. Eine außerordentliche Kündigung ist dann möglich, wenn ein **wichtiger Grund zur fristlosen Kündigung** vorliegt. In diesem Fall ist die **Zustimmung des Betriebsrats** zur Kündigung notwendig. Verweigert der Betriebsrat die Zustimmung, darf der Arbeitgeber nicht kündigen. Erfolgt die Verweigerung der Zustimmung jedoch zu Unrecht, kann der Arbeitgeber die Zustimmung vor dem Arbeitsgericht ersetzen lassen. Dieser Kündigungsschutz kommt allen Mitgliedern des Betriebsrats zu. Solange Ersatzmitglieder nicht nachgerückt sind oder nicht in der Vertretung tätig geworden sind, besteht für diese jedoch kein besonderer Kündigungsschutz. Ein **Ersatzmitglied** kann wie jeder Arbeitnehmer gekündigt werden. Nach Ausscheiden aus dem Betriebsrat haben ehemalige Betriebsratsmitglieder und nachgerückte Ersatzmitglieder nachwirkenden Kündigungsschutz. Diese Arbeitnehmer dürfen erst nach Ablauf eines Jahres nach Beendigung der Mitgliedschaft im Betriebsrat ordentlich gekündigt werden. Derselbe Kündigungsschutz kommt Mitgliedern der **Jugend- und Auszubildendenvertretung** zu.

Auch der **Wahlvorstand** genießt besonderen Kündigungsschutz und zwar ab dem Zeitpunkt seiner Bestellung. Bei sämtlichen Wahlbewerbern besteht besonderer Kündigungsschutz ab dem Zeitpunkt ihrer Aufstellung. Der Kündigungsschutz endet sechs Monate nach Bekanntgabe des Wahlergebnisses. Auch Arbeitnehmer, die zu einer Betriebs- oder Wahlversammlung einladen oder die **Bestellung eines Wahlvorstandes beantragen**, sind vom besonderen Kündigungsschutz umfasst. Der Kündigungsschutz beginnt mit dem Zeitpunkt der Einladung bzw. dem Zeitpunkt der Antragstellung und endet mit Bekanntgabe des Wahlergebnisses. Um Missbrauch zu vermeiden, gilt dieser Kündigungsschutz nur für die ersten drei **in** der Einladung bzw. in dem Antrag genannten Arbeitnehmer. Wird sodann allerdings kein Betriebsrat gewählt, gilt der Kündigungsschutz vom Zeitpunkt der Einladung bzw. Antragstellung an drei Monate lang.

IV. Betriebsbeauftragte

Im Rahmen des Umweltschutzes gibt es in Unternehmen zahlreiche Betriebsbeauftragte. Hierzu gehören beispielsweise **Immissionsschutzbeauftragte**, **Abfallbeauftragte**, **Störfallbeauftragte** und **Gewässerschutzbeauftragte**. Den Betriebsbeauftragten kommt nach den für sie geltenden Spezialgesetzen, insbesondere dem Immissionsschutzgesetz, besonderer Kündigungsschutz zu. Hiernach können Betriebsbeauftragte nicht ordentlich gekündigt werden. Liegen allerdings Tatsachen vor, die den Betreiber einer Anlage zur Kündigung aus wichtigem Grund ohne Einhaltung einer Kündigungsfrist berechtigen würden, ist eine Kündigung möglich. Das Immissionsschutzgesetz sieht darüber hinaus **nachwirkenden Kündigungsschutz** vor. Das bedeutet, dass beispielsweise ein Arbeitnehmer ein Jahr nach Abberufung beispielsweise als Immissionsschutzbeauftragter oder Abfallbeauftragter nicht ordentlich gekündigt werden darf.

Im Gegensatz zu den oben genannten Betriebsbeauftragten kommt dem **Sicherheitsbeauftragten** nach § 22 Abs. 1 SGB VII kein besonderer Kündigungsschutz zu. Auch Strahlenschutzbeauftragte und die Beauftragten für biologische Sicherheit sind im Hinblick auf arbeitgeberseitige Kündigungen nicht besonders geschützt.

V. Einberufung zum Wehrdienst

Nach dem Arbeitsplatzschutzgesetz darf einem Arbeitnehmer nach Zustellung des **Einberufungsbescheides** nicht mehr ordentlich gekündigt werden. Der besondere Kündigungsschutz endet mit der **Beendigung des Grundwehrdienstes**. Eine außerordentliche Kündigung hingegen bleibt möglich.

VI. Checkliste: Kündigungshindernisse

- ☐ Mutterschutz oder Elternzeit
- ☐ Schwerbehinderung oder Gleichstellung mit einem Schwerbehinderten
- ☐ Mitgliedschaft beim Betriebsrat
- ☐ Betriebsbeauftragte
- ☐ Einberufung zum Wehrdienst

D. Voraussetzungen für den allgemeinen Kündigungsschutz

Das ordentliche Kündigungsrecht des Arbeitgebers wird durch das Kündigungsschutzgesetz insoweit eingeschränkt, als eine Kündigung nur dann wirksam ist, wenn sie sozial gerechtfertigt ist. Dies kann der Fall sein bei in der Person des Arbeitnehmers liegenden Gründen. Auch sein Verhalten kann Grundlage einer sozial gerechtfertigten Kündigung sein. Oft sind es zwingende betriebliche Erfordernisse, die einer Weiterbeschäftigung des Arbeitnehmers in diesem Betrieb entgegenstehen und eine Kündigung sozial rechtfertigen. Es gibt also drei Gruppen von Kündigungsgründen: Die verhaltensbedingte, die personenbedingte und die betriebsbedingte Kündigung. Vor jeder Kündigung ist zu klären, welcher der drei Gruppen die Kündigung zugehört. Erst dann kann die Wirksamkeit oder die Unwirksamkeit der Kündigung festgestellt werden.

I. Geschützter Personenkreis

Das Kündigungsschutzgesetz gilt grundsätzlich für **jeden** Arbeitnehmer, selbst wenn er nur in ganz geringem Umfang – beispielsweise zwei Stunden wöchentlich – beschäftigt ist. Für **leitende Angestellte** gelten gem. § 14 Abs. 2 KSchG die dort genannten Besonderheiten.

Keine Arbeitnehmer sind **Handelsvertreter**, selbst wenn sie nach § 5 Abs. 3 Arbeitsgerichtsgesetz der Arbeitsgerichtsbarkeit unterstehen, weil sie eine nur ganz geringe Vergütung erhalten. Ebenso wenig sind **arbeitnehmerähnliche Personen** und **freie Mitarbeiter** Arbeitnehmer. Für **Beamte** gilt das Kündigungsschutzgesetz ebenfalls nicht. Für die Arbeiter und Angestellten des öffentlichen Dienstes wiederum gilt das Kündigungsschutzgesetz.

Arbeitet ein **Familienangehöriger** des Arbeitgebers in dessen Betrieb mit, so gilt das Kündigungsschutzgesetz, wenn der Familienangehörige im Wesentlichen wie die übrigen Arbeitnehmer behandelt wird. Wird dem Familienangehörigen also Urlaub gewährt und werden ihm Überstunden vergütet, so ist das Kündigungsschutzgesetz anwendbar.

Vom Schutzbereich des Kündigungsschutzgesetzes sind Personen ausgenommen, die ihre Leistung überwiegend aus **karitativen oder religiösen Gründen** erbringen. Dies ist der Fall bei Ordensschwestern und Entwicklungshelfern. Auch für die Schwestern des Roten Kreuzes gilt das Kündigungsschutzgesetz nicht.

II. Wartezeit

Das Kündigungsschutzgesetz ist für den einzelnen Arbeitnehmer erst dann anwendbar, wenn die Wartezeit von **sechs Monaten** verstrichen ist. Vor Ablauf von sechs Monaten darf der Arbeitnehmer jederzeit ohne Angabe von Gründen entlassen werden. Unterbrechungen wie Urlaub, Krankheit o. ä. verlängern die Wartezeit nicht. Eine entgegenstehende Vereinbarung im Arbeitsvertrag wäre unwirksam. Ist dem unbefristeten Arbeitsverhältnis ein befristetes Arbeitsverhältnis vorangegangen, so ist dieses auf die Wartezeit anzurechnen; ebenso ist die im Unternehmen absolvierte Ausbildung auf die Wartezeit anzurechnen. Auch im Falle eines Betriebsübergangs nach § 613 a BGB sind die beim Betriebsveräußerer erbrachten Beschäftigungszeiten bei der Berechnung der Wartezeit mit einzubeziehen. Nicht anzurechnen ist hingegen die Beschäftigung als Leiharbeitnehmer, als freier Mitarbeiter oder als Geschäftsführer in diesem Betrieb. Selbst wenn eine Probezeit von mehr als sechs Monaten vereinbart wird, findet eine Verlängerung der Wartezeit nicht statt.

Eine Kündigung während der Wartezeit hat spätestens am letzten Tag der Sechs-Monats-Frist dem Arbeitnehmer zuzugehen. Ob das Arbeitsverhältnis noch innerhalb der Wartezeit oder danach endet, ist unerheblich. Der Arbeitgeber darf somit innerhalb der Wartezeit kündigen, obwohl ihm zur Kündigung unter Beachtung der Mindestkündigungsfrist noch genügend Zeit nach Ablauf der Wartefrist verbliebe.

Beispiel: Die Wartezeit endet am 31. Januar. Die Kündigung erfolgt am 30. Januar auf den 31. Mai, obwohl nach § 622 BGB eine Kündigungsfrist von nur vier Wochen einzuhalten wäre.

Erklärt der Arbeitgeber wenige Tage vor Ablauf der Wartefrist die Kündigung, kann sie unter Umständen treuwidrig sein, wenn sie nur deshalb vor Ablauf der Wartefrist erklärt wurde, um den Eintritt des Kündigungsschutzes zu verhindern, § 162 BGB analog, § 242 BGB. Den Verstoß gegen Treu und Glauben hat allerdings der Arbeitnehmer zu beweisen. Dies wird ihm kaum gelingen, da der Arbeitgeber in diesem Fall vortragen wird, er habe nur deshalb mit einer langen Kündigungsfrist gekündigt, damit dem Arbeitnehmer ermöglicht wird, noch während des Bestehens des Arbeitsverhältnisses sich einen neuen Arbeitsplatz zu suchen.

Es ist übrigens zulässig, die Wartezeit zugunsten des Arbeitnehmers zu verkürzen oder ganz auszuschließen.

Beispiel: Ein Arbeitnehmer verknüpft seine Zusage bei einem neuen Arbeitgeber mit der Bedingung, dass die Wartezeit ausgeschlossen wird, da er bei einem Wechsel des Arbeitsplatzes eine unkündbare Dauerstellung aufgibt.

Für die Berechnung der Wartezeit ist der Umfang der Arbeitspflicht unerheblich. Auch Teilzeitmitarbeiter mit einer Arbeitspflicht von einem Tag in der Woche können sich nach sechs Monaten auf den Schutz des Kündigungsschutzgesetzes berufen.

III. Betriebliche Mindestgröße

Werden in einem Betrieb in der Regel fünf oder weniger Arbeitnehmer beschäftigt, gelten die zentralen Vorschriften des Kündigungsschutzgesetzes in diesem Betrieb nicht. Arbeiten **sechs oder mehr Arbeitnehmer** in diesem Betrieb, gilt das Kündigungsschutzgesetz uneingeschränkt.

Die Neufassung des § 23 KSchG ab dem 1. Januar 2004 verkompliziert die Rechtslage für Kleinbetriebe. Es reicht nicht mehr aus, lediglich die Anzahl der Arbeitnehmer festzustellen und entsprechend des zeitlichen Umfangs ihrer Tätigkeit zu gewichten. Es kommt vielmehr auch darauf an, wann welcher Mitarbeiter eingestellt wurde. Die Vorschriften des ersten Teils des Kündigungsschutzgesetzes (dort ist der Kündigungsschutz geregelt) gelten nicht für Betriebe, die zwar mehr als fünf, aber höchstens zehn Arbeitnehmer beschäftigen, sofern die Arbeitsverhältnisse nach dem 31. Dezember 2003 begonnen haben. Arbeitnehmer, die nach dem 31. Dezember 2003 ihr Arbeitsverhältnis begonnen haben, werden bis zum Schwellenwert von zehn Arbeitnehmern bei der Zahl der beschäftigten Arbeitnehmer nicht berücksichtigt.

Folgende Fälle sind bei einer Kündigung in einem Kleinbetrieb zu unterscheiden:

- Vor dem 1. Januar 2004 waren nicht mehr als fünf Arbeitnehmer beschäftigt. Nach dem 1. Januar 2004 werden nicht mehr als fünf weitere Arbeitnehmer eingestellt: Das Kündigungsschutzgesetz gilt in diesem Betrieb weiterhin für keinen der Arbeitnehmer.
- Vor dem 1. Januar 2004 waren mehr als fünf Arbeitnehmer beschäftigt. Für nach dem 1. Januar 2004 eingestellte Arbeitnehmer gilt das KSchG nicht, wenn der Betrieb von diesem Zeitpunkt an nicht mehr als zehn Arbeitnehmer beschäftigt. Für die „Alt-Arbeitnehmer" (also diejenigen Arbeitnehmer, die bereits am 1. Januar 2004 beschäftigt waren) gilt das KSchG, für die „Neu-Arbeitnehmer" (Arbeitnehmer, die nach dem 1. Januar 2004 beschäftigt worden sind) gilt das KSchG nicht. Für die „Alt-Arbeitnehmer" entfällt die Anwendbarkeit des KSchG, wenn nach dem 1. Januar 2004 „Alt-Arbeitnehmer" ausscheiden, so dass der Kreis der „Alt-Arbeitnehmer" auf fünf oder weniger sinkt und zugleich nicht mehr als zehn Arbeitnehmer insgesamt im Betrieb beschäftigt sind. Es gilt somit für keinen der Arbeitnehmer das Kündigungsschutzgesetz.

Teilzeitbeschäftigte zählen nach § 23 Abs. 1 Satz 4 KSchG bei der Feststellung der Betriebsgröße wie folgt mit:

- **Faktor 0,5:** regelmäßige wöchentliche Arbeitszeit von nicht mehr als 20 Stunden (also bis maximal einschließlich 20 Stunden)
- **Faktor 0,75:** regelmäßige wöchentliche Arbeitszeit von nicht mehr als 30 Stunden (also 20 Stunden und eine Minute bis einschließlich 30 Stunden)

- **Faktor 1:** regelmäßige wöchentliche Arbeitszeit von mehr als 30 Stunden (also ab 30 Stunden und eine Minute).

Beispiel: Ein Arbeitnehmer arbeitet unter Zugrundelegung von fünf Arbeitstagen pro Woche bei einer Arbeitszeit von 10.00 Uhr bis 16.00 Uhr ohne Pause insgesamt 30 Wochenstunden. Dieser Arbeitnehmer ist bei der Feststellung der Betriebsgröße mit 0,75 zählweise zu berücksichtigen.

Aushilfskräfte sind bei der Ermittlung der Betriebsgröße nicht mitzuzählen, da sie nicht regelmäßig beschäftigte Arbeitnehmer sind. Ist allerdings in einem Betrieb regelmäßig eine bestimmte Anzahl von Aushilfskräften mindestens sechs Monate im Jahr beschäftigt, zählen sie bei der Ermittlung der Betriebsgröße mit.

Fällt nach einer betriebsbedingten Kündigung der Arbeitsplatz des zu kündigenden Arbeitnehmers ersatzlos weg, ist er dennoch bei der Ermittlung des Schwellenwerts zu berücksichtigen.

IV. Checkliste: Voraussetzungen für den allgemeinen Kündigungsschutz

- ☐ Arbeitnehmereigenschaft ist gegeben
- ☐ Wartezeit von sechs Monaten abgelaufen
- ☐ Betriebliche Mindestgröße ist gegeben

E. Die verhaltensbedingte Kündigung

Mit der verhaltensbedingten Kündigung wird die Beendigung des Arbeitsverhältnisses wegen eines vertragswidrigen Verhaltens des Arbeitnehmers, das das Arbeitsverhältnis beeinträchtigt, angestrebt. Insbesondere die Verletzung arbeitsvertraglicher Pflichten im Zusammenhang mit der Arbeitsleistung und der betrieblichen Ordnung können zur verhaltensbedingten Kündigung führen.

Die umfangreiche Rechtsprechung zur verhaltensbedingten Kündigung kann allerdings lediglich als Anhaltspunkt für die Berechtigung einer verhaltensbedingten Kündigung herangezogen werden, da vor den Arbeitsgerichten immer eine Einzelfallentscheidung getroffen wird. Dabei sind mitunter Details entscheidungsrelevant. Zudem kann derselbe Kündigungsfall einmal als rechtmäßig, ein anderes Mal als nicht rechtmäßig beurteilt werden. Rechtsprechung ist immer auch Wertungssache. Dennoch ist es möglich, aus der enormen Vielzahl der arbeitsgerichtlichen Urteile eine Prognose für die Berechtigung einer verhaltensbedingten Kündigung abzuleiten.

I. Abmahnung

1. Notwendigkeit der Abmahnung

Das Arbeitsrecht fordert vom Arbeitgeber generell die Beachtung des Grundsatzes der Verhältnismäßigkeit, so auch beim Ausspruch einer verhaltensbedingten Kündigung. Ein arbeitsvertragswidriges Verhalten des Arbeitnehmers darf nicht sofort zur Kündigung des Arbeitsverhältnisses führen. Grundsätzlich geht die Abmahnung der Kündigung vor.

Mit der Abmahnung wird der Arbeitnehmer aufgefordert, ein als vertragswidrig eingestuftes Verhalten einzustellen und sich künftig vertragsgemäß zu verhalten. Stellt er das vertragswidrige Verhalten trotz Erteilung einer Abmahnung nicht ein, kann der Arbeitnehmer beim nächsten Verstoß gekündigt werden.

Allerdings darf eine Kündigung nur auf **abgemahnte Tatbestände** gestützt werden. Es ist beispielsweise nicht zulässig, wegen Unpünktlichkeit abzumahnen und sodann wegen Fehler bei der Arbeit zu kündigen. Die abgemahnte Pflichtverletzung und die Pflichtverletzung, aufgrund derer die Kündigung ausgesprochen wird, müssen **gleichartig** sein. Gleichartigkeit liegt nach der Rechtsprechung beispielsweise in folgenden Fällen vor:

- Zuspätkommen und unentschuldigtes Fehlen
- Privatarbeiten während der Arbeitszeit und vorzeitiges Verlassen des Arbeitsplatzes
- Unpünktlichkeit und Überziehung eines erlaubten späteren Arbeitsantritts
- Unberechtigtes und lediglich nicht angezeigtes berechtigtes Fernbleiben von der Arbeit
- Verletzung der Anzeigepflicht bei Erkrankung und Weigerung, während der Arbeitszeit zu einem Gespräch mit dem Vorgesetzten zu erscheinen
- Unterschiedliche Vertragsverletzungen, die jedoch ihre gemeinsame Ursache im Alkoholkonsum des Arbeitnehmers haben.

2. Entbehrlichkeit der Abmahnung

Entbehrlich ist eine Abmahnung, wenn der Arbeitnehmer das von ihm geforderte Verhalten ernsthaft oder endgültig verweigert, obwohl ihm bewusst ist, dass er sich nicht vertragsgerecht verhält.

Beispiel: Ein Arbeitnehmer behauptet, dass die chemische Substanz, mit der er im Rahmen seiner Tätigkeit zu tun hat, Allergien hervorrufen kann. Es existieren allerdings mehrere Sachverständigengutachten der Berufsgenossenschaft mit dem Inhalt, dass eine Allergiegefährdung nicht existiert. Diese Gutachten kennt der Arbeitnehmer, allerdings bezweifelt er deren Richtigkeit und kündigt an, nie werde er diese chemische Substanz berühren. Dieser Arbeitnehmer braucht nicht abgemahnt zu werden. Es kann ohne Weiteres eine Kündigung ausgesprochen werden.

Auch bei schweren Pflichtverletzungen kann eine sofortige Kündigung ohne Abmahnung ausnahmsweise gerechtfertigt sein.

Beispiel: Ein Arbeitnehmer prügelt seinen Arbeitgeber krankenhausreif.

Im **Vertrauens- und Loyalitätsbereich** wird eine Abmahnung häufig für entbehrlich gehalten. Dem ist allerdings nur dann so, wenn mit einer Herstellung des Vertrauens nicht mehr gerechnet werden kann, was in erster Linie bei besonders schweren Pflichtverletzungen der Fall ist. Unter „Vertrauensbereich" wird der Glaube des Arbeitgebers an die Gutwilligkeit, Loyalität und Redlichkeit des Arbeitnehmers verstanden. Es ist die Annahme, dass der Arbeitnehmer sich nicht unlauter gegen die Interessen des Arbeitgebers stellt und dass er sich nicht falsch, unaufrichtig oder hinterhältig gegen seinen Vertragspartner stellen wird. Es geht im Vertrauensbereich also um den Charakter des Arbeitnehmers und nicht um seine Qualifikation.

Eine Abmahnung ist selbstverständlich auch dann entbehrlich, wenn das Kündigungsschutzgesetz nicht anwendbar ist, beispielsweise weil der Arbeitnehmer noch nicht sechs Monate im Betrieb arbeitet oder es sich um einen Kleinbetrieb im Sinne des Kündigungsschutzgesetzes handelt.

3. Form der Abmahnung

Üblicherweise erfolgt die Abmahnung in **schriftlicher Form**. Auch eine **mündliche** Abmahnung ist durchaus zulässig. Jedoch kommt bei der mündlichen Abmahnung der Arbeitgeber in einem Arbeitsgerichtsprozess regelmäßig in erhebliche Beweisschwierigkeiten, insbesondere was den genauen Inhalt der Abmahnung betrifft und ob tatsächlich ausreichend deutlich wurde, dass bei erneutem Fehlverhalten der Bestand des Arbeitsverhältnisses gefährdet ist. War kein Dritter bei dem Gespräch anwesend, wird dem Arbeitgeber der Beweis einer mündlichen Abmahnung kaum gelingen.

Die Abmahnung muss nicht zwingend als solche bezeichnet werden. Sie kann mit „Mahnung", „Verwarnung" oder „schriftliche Rüge" überschrieben sein. Allerdings wird meist zur Vermeidung von Missverständnissen der Begriff „Abmahnung" gewählt.

4. Inhalt der Abmahnung

Der Arbeitgeber hat in der Abmahnung das Fehlverhalten **konkret** zu beschreiben und dem Arbeitnehmer für den Wiederholungsfall Konsequenzen für den Inhalt und Bestand des Arbeitsverhältnisses in Aussicht zu stellen. Im Einzelnen stellen sich die Voraussetzungen der Abmahnung wie folgt dar:

Der **Tatbestand ist genau zu bezeichnen**. Er muss aus sich heraus verständlich sein und darf keine Verweisungen beispielsweise auf Gespräche o. ä. enthalten. Der Hinweis auf „Ihnen bekannte Vorkommnisse" ist nicht ausreichend. Das abgemahnte Verhalten ist mit Ort, Datum und Uhrzeit versehen vollständig und objektiv zu schildern. Bei einem unpünktlichen Arbeitnehmer ist diesem mitzuteilen, an welchen Tagen er erst um welche Uhrzeit im Betrieb erschienen ist. Jede Abstraktion, wie beispielsweise „Unzuverlässigkeit", ist nicht zulässig. Der Arbeitnehmer muss genau erkennen können, welches Verhalten beanstandet wird und wie er sich in Zukunft diesbezüglich verhalten soll. Es muss also auch beschrieben werden, wie das vom Arbeitgeber erwartete vertragsgemäße Verhalten aussehen soll. Beispielsweise ist einem unpünktlichen Mitarbeiter in der Abmahnung der tägliche Arbeitsbeginn konkret mitzuteilen, obwohl ihm dieser durchaus bekannt sein dürfte.

Das gerügte Verhalten ist vom Arbeitgeber in der Abmahnung ausdrücklich als **Vertragsverletzung** zu bewerten.

Der Arbeitnehmer ist sodann aufzufordern, sein **Verhalten zu ändern** und künftig die vertraglichen Pflichten einzuhalten.

Die Abmahnung im Bereich der Leistungspflicht hat eine **Besserungsfrist** zu enthalten, innerhalb derer der Arbeitnehmer sein Verhalten umstellen kann. Bei Unpünktlichkeit des Arbeitnehmers darf der Arbeitgeber allerdings erwarten, dass der Arbeitnehmer ab sofort ein pünktliches Verhalten an den Tag legt. Eine Besserungsfrist braucht in diesem Fall nicht gesetzt zu werden.

Zuletzt sind **arbeitsrechtliche Konsequenzen** anzudrohen. Das wird in der Regel die Kündigung sein. Möglich ist auch die Androhung von Versetzung oder Streichung übertariflicher Zulagen. In diesen letztgenannten Fällen darf ein erneuter Verstoß des Arbeitnehmers nur zu den genannten Konsequenzen führen, nicht zu einer Kündigung. Nicht ausreichend ist es jedoch, ganz allgemein von „arbeitsrechtlichen Konsequenzen" zu sprechen.

Werden über die genannten Bestandteile in die Abmahnung noch weitere Zusätze aufgenommen, besteht die Gefahr, dass die Abmahnung unwirksam ist.

Beispiel: Ein Arbeitnehmer wird wegen Unpünktlichkeit abgemahnt. Die Abmahnung wird vom Arbeitgeber dazu genutzt, auf die generell nachlässige Art dieses Arbeitnehmers hinzuweisen und ihm klarzumachen, dass er sorgfältiger zu arbeiten habe. Am nächsten Tag erscheint dieser Arbeitnehmer erneut eine Stunde zu spät. Aufgrund dieses Zuspätkommens kündigt der Arbeitgeber. Die Kündigung ist rechtswidrig, da ihr keine wirksame Abmahnung vorausgegangen ist. Die Abmahnung ist nämlich rechtswidrig, da der zu allgemein formulierte Hinweis auf die generelle Nachlässigkeit des Arbeitnehmers die Unwirksamkeit der gesamten Abmahnung zur Folge hat.

Wird in einer Abmahnung ein umfangreiches „**Sündenregister**" aufgeführt und trifft nur eine dieser gerügten Pflichtverletzungen nicht zu, wird die komplette Abmahnung unwirksam. Eine Aufrechterhaltung des zutreffenden Teils der Abmahnung ist nicht möglich.

5. Abmahnungsberechtigter

Abmahnen darf selbstverständlich der Arbeitgeber selbst. Darüber hinaus ist jeder Mitarbeiter, der verbindliche Weisungen erteilen darf, zum Ausspruch einer Abmahnung berechtigt. Es kann also der Fall eintreten, dass ein vorgesetzter Mitarbeiter ein bestimmtes Verhalten eines Arbeitnehmers abmahnt, obwohl der Arbeitgeber selbst dieses Verhalten zum Anlass einer fristlosen Kündigung genommen hätte. In vielen Unternehmen ist deshalb in einer Betriebsordnung o. ä. geregelt, dass nur der Arbeitgeber selbst und nicht der unmittelbare Vorgesetzte eines Arbeitnehmers abmahnen darf. Mahnt der unmittelbare Vorgesetzte dennoch ab, darf der Arbeitnehmer diese Abmahnung zurückweisen.

6. Ausschlussfrist für eine Abmahnung

Eine Ausschlussfrist für die Erteilung einer Abmahnung gibt es nicht. Allerdings dürfen extrem weit zurückliegende Ereignisse nicht zum Anlass einer Abmahnung genommen werden.

Beispiel: Der Arbeitgeber stellt fest, dass der Arbeitnehmer vor fünf Jahren einmal eine Mittagspause um 15 Minuten überzogen hat. Eine Abmahnung wegen dieses Vorfalls ist nicht zulässig. Ebenso wenig ist eine

Abmahnung zulässig, wenn der Arbeitnehmer es vor vier Jahren versäumt hat, dem Arbeitgeber eine Arbeitsunfähigkeitsbescheinigung zu überreichen.

7. Mehrere Abmahnungen

Wurden in der Vergangenheit bereits mehrere Abmahnungen wegen desselben Fehlverhaltens erteilt, kann bei einem erneuten Pflichtenverstoß nur dann gekündigt werden, wenn die zuletzt ausgesprochene Abmahnung in **besonders eindringlicher Weise** die Ankündigung der Beendigung des Arbeitsverhältnisses zum Ausdruck brachte. Es genügt hierbei, wenn im Text drucktechnisch hervorgehoben erwähnt wird, dies sei nun die „letztmalige Abmahnung" oder wenn die Abmahnung mit diesen Worten überschrieben wird.

Die Rechtsprechung hat erkannt, dass durch Zeitablauf Abmahnungen ihre Funktion verlieren. Es ist dem Arbeitnehmer nicht zuzumuten, über viele Jahre hinweg an eine erteilte Abmahnung zu denken. Dies würde das Arbeitsverhältnis belasten. Allerdings gibt es keine Regelfrist, nach deren Ablauf die Wirkungen der Abmahnung erloschen sind. Entscheidend sind wie immer im Arbeitsrecht die Umstände des Einzelfalls. Als unverbindliche Richtschnur kann gelten, dass nach **zwei Jahren** eine Abmahnung wegen leichter Verstöße gegen die arbeitsvertraglichen Pflichten ihre Wirkung verliert und eine Abmahnung wegen schwerer Fälle nach **drei bis fünf Jahren**.

Entgegen weit verbreiteter Auffassung ist der Verstoß gegen eine einzige Abmahnung ausreichend, um verhaltensbedingt kündigen zu können. **Es muss nicht dreimal abgemahnt werden.** Allerdings darf sich die Kündigung nur auf ein Verhalten des Arbeitnehmers beziehen, das mit dem abgemahnten Verhalten vergleichbar ist. Ein andersartiger Verstoß gegen vertragliche Pflichten muss zunächst abgemahnt werden.

Eine Ausnahme von dem genannten Grundsatz, dass der Verstoß gegen nur eine Abmahnung ausreicht, liegt dann vor, wenn es sich um nur ganz geringfügige Vertragsverstöße handelt oder die Abmahnung zeitlich weit zurückliegt. In diesen Fällen kann eine zweite Abmahnung durchaus erforderlich sein.

8. Verfahren bei Erteilung einer Abmahnung

Vor dem Ausspruch einer Abmahnung ist **keine Anhörung** des Arbeitnehmers notwendig. Auch der Betriebsrat muss nicht beteiligt werden.

Tipp: Allerdings sehen mitunter Tarifverträge ein Anhörungsrecht des Arbeitnehmers vor. Sie sollten deshalb bei Erhalt einer Abmahnung prüfen, ob Sie tarifgebunden sind und welchen Inhalt der Tarifvertrag hat.

Eine Tarifgebundenheit liegt dann vor, wenn Sie Mitglied der Gewerkschaft sind und auch der Arbeitgeber Mitglied im zuständigen Arbeitgeberverband. Allerdings kann ein Tarifvertrag auch einzelvertraglich im Arbeitsvertrag vereinbart werden.

Beispiel: In einem Arbeitsvertrag findet sich eine Klausel, wonach „im Übrigen die Bestimmungen des Tarifvertrags ... Anwendung finden".

Ist auf Ihren Arbeitsvertrag eine Bestimmung anwendbar, wonach Sie vor Ausspruch einer Abmahnung anzuhören sind und werden Sie vor einer Abmahnung nicht angehört, so ist diese formell rechtswidrig. Diese Abmahnung kann nicht Grundlage einer verhaltensbedingten Kündigung werden.

9. Die vorweggenommene Abmahnung

Nach der Rechtsprechung einiger Landesarbeitsgerichte darf der Arbeitgeber allgemein bekannt geben, dass ein bestimmtes vertragswidriges Verhalten des Arbeitnehmers die Kündigung ohne vorherige Abmahnung zur Folge hat. Der Arbeitgeber muss dies allerdings deutlich zu erkennen geben, beispielsweise im Arbeitsvertrag selbst, in einem Schreiben an den Arbeitnehmer, in der Arbeitsordnung oder durch Aushang am schwarzen Brett. In der vorweggenommenen Abmahnung muss deutlich zum Ausdruck kommen, dass das bezeichnete Fehlverhalten zwingend die Kündigung nach sich zieht. Der Nachteil der vorweggenommenen Abmahnung liegt für den Arbeitgeber in der Selbstbindung: Er muss jedem Arbeitnehmer kündigen, der das bezeichnete vertragswidrige Verhalten zeigt, selbst wenn er diesen Arbeitnehmer gerne weiterhin im Betrieb beschäftigen würde. Die vorweggenommene Abmahnung hat daher keine weite Verbreitung gefunden.

10. Reaktion auf eine Abmahnung

Mitunter wird dem Arbeitnehmer eine nicht berechtigte Abmahnung erteilt, da sie entweder gegen die oben bezeichneten formellen Voraussetzungen verstößt oder ein Verstoß des Arbeitnehmers gegen arbeitsvertragliche Pflichten überhaupt nicht vorliegt.

Beispiel: Ein Arbeitgeber in der Schmuckbranche teilt einem im Vertrieb beschäftigten Arbeitnehmer mit, dass er mit seinem Erscheinungsbild nicht zufrieden sei. Es gehe nicht an, dass er in kurzen Hosen und Trekking-Sandalen beim Kunden erscheint. Wenn nun ab morgen seine Kleidung nicht konservativer sei, würde man das Arbeitsverhältnis kündigen. Diese Abmahnung ist unwirksam, weil dem Arbeitnehmer nicht mitgeteilt wird, welche Kleidung sich der Arbeitgeber unter konservativer Kleidung genau vorstellt.

Auf diese Abmahnung kann der Arbeitnehmer nun in unterschiedlicher Weise reagieren:

Mit der Formulierung einer **Gegendarstellung** zeigt der Arbeitnehmer, dass er den Sachverhalt oder seine Rechtsfolgen anders als sein Arbeitgeber beurteilt. Die Gegendarstellung hat der Arbeitgeber in die Personalakte einzuheften. Zu einer Reaktion ist der Arbeitgeber nicht verpflichtet. Genau darin liegt auch die Problematik der Gegendarstellung. Sie dokumentiert zwar in der Personalakte die unterschiedliche Auffassung von Arbeitgeber und Arbeitnehmer. Eine verbindliche Entscheidung über die Sache erfolgt jedoch nicht. Dies kann allerdings auch ein Vorteil sein: Es entsteht kein Streit zwischen Arbeitgeber und Arbeitnehmer über die Abmahnung, da diese zwar zusammen mit der Gegendarstellung in den Personalakten liegt, aber weiter nichts geschieht. Das Arbeitsverhältnis bleibt damit vor weiteren Belastungen verschont. Zu beachten ist aber, dass sich Nachteile bei der späteren Erteilung eines Arbeitszeugnisses ergeben können.

Der Arbeitnehmer kann vom Arbeitgeber die **Entfernung der Abmahnung aus der Personalakte** fordern. Enthält die Abmahnung missbilligende Äußerungen, so kann der Arbeitnehmer darüber hinaus den Widerruf dieser Äußerungen verlangen. Kommt der Arbeitgeber dieser Aufforderung des Arbeitnehmers nicht nach, so besteht die Möglichkeit, diesen Anspruch vor den Arbeitsgerichten durchzusetzen. Wegen der Fortdauer der Beeinträchtigung durch die unberechtigte Abmahnung ist hier eine Klagefrist nicht einzuhalten. Allerdings muss sich der Arbeitnehmer bei einer gerichtlichen Feststellung der Unwirksamkeit der Abmahnung bewusst sein, dass das Arbeitsverhältnis durch die Abmahnung und deren gerichtliche Beseitigung noch weiter belastet wird und dies erfahrungsgemäß früher oder später zur Beendigung des Arbeitsvertrags führt.

Ist im Betrieb ein Betriebsrat vorhanden, kann der Arbeitnehmer sich beim **Betriebsrat** beschweren. Er kann darüber hinaus den Betriebsrat zur Unterstützung oder zur Vermittlung zwischen ihm und dem Arbeitgeber hinzuziehen.

Eine weitere und in vielen Fällen die beste Möglichkeit, auf eine Abmahnung zu reagieren, liegt im **Nichtstun**. Damit wird eine weitere Belastung des Arbeitsverhältnisses durch Zementierung der gegensätzlichen Positionen vermieden. Allerdings muss der Arbeitnehmer sorgfältig darauf achten, dass kein weiterer Verstoß gegen die in der Abmahnung genannten Pflichten erfolgt. Damit riskiert der Arbeitnehmer den Arbeitsvertrag. War nämlich die Abmahnung tatsächlich rechtmäßig, kann sie bei einem weiteren gleichartigen Verstoß gegen arbeitsvertragliche Pflichten Grundlage einer verhaltensbedingten Kündigung sein. Eine nicht rechtmäßige Abmahnung hingegen kann nie bei einem erneuten Verstoß eine ordentliche verhaltensbedingte Kündigung begründen.

11. Checkliste: Abmahnung

- ☐ Form der Abmahnung
- ☐ Inhalt der Abmahnung
- ☐ Abmahnungsberechtigter
- ☐ Mehrere Abmahnungen

II. Grundsatz der Verhältnismäßigkeit und Interessenabwägung

Vor dem Ausspruch einer – ordentlichen oder außerordentlichen – verhaltensbedingten Kündigung muss der Arbeitgeber prüfen, ob auf dem Wege der Ausübung des Direktionsrechts oder einer Änderungskündigung am Vertrag mit dem Arbeitnehmer festgehalten werden kann.

Beispiele:

- Der mit einem Arbeitskollegen dauernd streitende Arbeitnehmer kann auf einen anderen Arbeitsplatz versetzt werden. Eine Beendigungskündigung wäre unzulässig. Ihm ist vielmehr ein geeigneter freier Arbeitsplatz mittels einer Änderungskündigung anzubieten.
- Ein Arbeitnehmer erbringt auf seinem Arbeitsplatz schlechte Leistungen. Wenn anzunehmen ist, dass ein anderer Arbeitsplatz für diesen Arbeitnehmer eher geeignet ist, so ist ihm mittels einer Änderungskündigung dieser Arbeitsplatz zuzuweisen (sofern nicht ohnehin der Arbeitsvertrag eine Zuweisung dieses Arbeitsplatzes durch das Direktionsrecht zulässt).
- Der Berufskraftfahrer darf nach dem Verlust der Fahrerlaubnis nicht mehr LKW fahren. Es wäre durchaus eine außerordentliche Kündigung gerechtfertigt. Bestehen aber für diesen Arbeitnehmer geeignete freie Stellen im Betrieb, so ist dieser Arbeitnehmer auf diese freie Stelle zu versetzen. Eine Kündigung ist unzulässig.

Wie Sie im nächsten Kapitel erfahren werden, besteht bei der Feststellung der Rechtmäßigkeit einer verhaltensbedingten Kündigung regelmäßig ein erheblicher Wertungsspielraum. Von den Arbeitsgerichten wird jeder Einzelfall mit all seinen Besonderheiten gesondert betrachtet. In diesem Zusammenhang spielen auch die beiderseitigen Interessen am Erhalt des Arbeitsplatzes bzw. an der Kündigung eine Rolle. Der **Arbeitgeber** kann sich auf folgende Interessen berufen:

- Art und Umfang der Störung des Betriebs
- Schadenshöhe
- Gefährdung anderer Arbeitnehmer oder Dritter
- Höhe des Verschuldens des Arbeitnehmers. Wurde der Arbeitnehmer beispielsweise von Kollegen zu einer Vertragsverletzung

verleitet, liegt nur ein geringes Verschulden des Arbeitnehmers vor. Ein größeres Verschulden wird dann angenommen, wenn der Arbeitnehmer „Rädelsführer“ eines von mehreren Arbeitnehmern gemeinsam geführten Verstoßes gegen arbeitsvertragliche Pflichten ist.

- Wiederholungsgefahr.

Der **Arbeitnehmer** darf sich auf folgende Interessen berufen:

- Ursache des Vertragsverstoßes
- Grad des Verschuldens
- Dauer der Betriebszugehörigkeit
- bisher unbeanstandetes Verhalten
- Lebensalter
- Situation am Arbeitsmarkt
- persönliche, insbesondere wirtschaftliche Folgen der Kündigung für den Arbeitnehmer.

III. Einzelfälle verhaltensbedingter Kündigung

Im Folgenden wird eine Übersicht über die wichtigsten verhaltensbedingten Kündigungsgründe gegeben. Es wurde angestrebt, die Übersicht der einzelnen Kündigungsgründe nach Gruppen zusammenzufassen und ihrer praktischen Relevanz nach zu ordnen.

1. Schlecht- oder Minderleistung

Schlecht- oder Minderleistung ist ein in der Praxis wichtiger Kündigungsgrund, an den allerdings die Rechtsprechung sehr hohe Anforderungen gestellt hat. Diese hohen Anforderungen an den Kündigungsgrund Schlecht-/Minderleistung führen in der Praxis häufig dazu, dass Arbeitgeber statt einer Kündigung dem Arbeitnehmer einen Aufhebungsvertrag anbieten. Es kommt nämlich bei der Beurteilung dieses Kündigungsgrundes auf das persönliche subjektive Leistungsvermögen des Arbeitnehmers an. Der Arbeitgeber kann vom Arbeitnehmer demzufolge nur das verlangen, zu dem der Arbeitnehmer subjektiv in der Lage ist. Es gilt also der Grundsatz: **Der Arbeitnehmer muss tun, was er soll, und zwar so gut, wie er kann.**

Wichtiger Hinweis: Ist ein Arbeitnehmer leistungsschwächer als die vergleichbaren Arbeitnehmer, kann allein deshalb nicht gekündigt werden. Es muss eine weit hinter dem Normalwert zurückbleibende Leistung des Arbeitnehmers vorliegen. Liegt die Leistung des Arbeitnehmers schuldhaft ca. um **50 %** hinter der Leistung vergleichbarer Arbeitnehmer, ist eine verhaltensbedingte Kündigung gerechtfertigt.

Der Arbeitnehmer schuldet dem Arbeitgeber keinen bestimmten Erfolg, da er als Arbeitnehmer nur zum „Wirken" verpflichtet ist. Demgegenüber ist ein Werkunternehmer zur Herbeiführung eines bestimmten Arbeitsergebnisses verpflichtet.

Beispiel: Ein Hauseigentümer beauftragt ein Installationsunternehmen mit dem Einbau einer Dusche. Dieser Vertrag ist ein Werkvertrag, weshalb der Inhaber des Installationsunternehmens einen Erfolg, nämlich eine funktionsfähige Dusche, schuldet. Bevor die Dusche nicht funktioniert, braucht der Auftraggeber keine Vergütung zu bezahlen. Nun baut der Inhaber des Unternehmens die Dusche nicht selbst ein, sondern entsendet einen Arbeitnehmer. Dieser Arbeitnehmer hat gegen seinen Arbeitgeber einen Anspruch auf Gehalt, selbst wenn er tagelang versucht, die Dusche einzubauen und es letztendlich sogar der Arbeitgeber selbst ist, der die Arbeit erledigen muss.

Die Schlecht- oder Minderleistung des Arbeitnehmers muss zudem auf Ursachen beruhen, auf die der Arbeitnehmer Einfluss nehmen kann. Ist die Ursache der Schlecht- oder Minderleistung nicht änderbar, kommt eine personenbedingte Kündigung in Betracht. An die personenbedingte Kündigung werden ebenfalls sehr hohe Anforderungen gestellt.

Vor einer Kündigung wegen Schlecht- oder Minderleistung hat im Regelfall eine Abmahnung zu erfolgen. Auch Personalgespräche mit dem Ziel, die Leistung des Arbeitnehmers zu bessern, werden mitunter von der Rechtsprechung gefordert.

Beispiele:

- Ein Mitarbeiter eines Küchenfachgeschäfts bearbeitet Aufträge derart nachlässig, dass bei jeder zweiten ausgelieferten Küche ein oder mehrere Teile nicht mit der Bestellung des Kunden übereinstimmen. Der Arbeitnehmer verwechselte Bestellnummern und berücksichtigte nachträgliche Kundenwünsche nicht. Der Arbeitgeber bemerkt diese Fehler erst durch Beschwerden mehrerer Kunden. Er kündigt deshalb diesem Arbeitnehmer mit der Argumentation, er sei als Küchenverkäufer völlig ungeeignet. Auf eine Abmahnung könne verzichtet werden, da der Arbeitnehmer nicht einsichtig sei und sich darauf beruft, auch andere Mitarbeiter des Unternehmens machen Fehler. Der Arbeitgeber kündigt deshalb ohne weitere Personalgespräche oder Abmahnungen. Diese Kündigung ist nicht rechtmäßig, da der Arbeitgeber nicht versucht hat, durch Personalgespräche und Abmahnungen eine Verhaltensbesserung der Leistung des Arbeitnehmers zu erreichen.

- Einem Niederlassungsleiter wird wegen Leistungsmängel gekündigt. Begründet wird die Kündigung mit dem Hinweis, dass der als Niederlassungsleiter beschäftigte Arbeitnehmer mit seiner Niederlassung seit mehreren Jahren das schlechteste Ergebnis aller bundesweit tätigen Niederlassungen des Unternehmens erzielt hat. Diese Kündigung ist unwirksam, weil nicht zuvor abgemahnt wurde. In dieser Abmahnung hätte das Fehlverhalten des Niederlassungsleiters genau bezeichnet werden müssen. Zudem ist allein die Tatsache, dass diese Niederlassung das schlechteste Betriebsergebnis verzeichnet, für die Begründung der Kündigung nicht geeignet. Das Betriebsergebnis muss auf ein konkretes Verhalten des Niederlassungsleiters zurückzuführen sein.

2. Fehlende Eignung

Die fehlende Eignung kann körperliche oder geistige Ursachen haben. Jedenfalls muss der Arbeitnehmer bei entsprechendem Willen Einfluss auf seine fehlende Eignung und ihre Ursachen nehmen können. Ist die fehlende Eignung nicht änderbar, ist eine personenbedingte Kündigung auszusprechen. Für die Kündigung wegen fehlender Eignung gelten die Ausführungen zur Kündigung wegen Schlecht- oder Minderleistung.

3. Arbeitsverweigerung

Unter Arbeitsverweigerung wird nicht nur das unberechtigte Verweigern der Arbeit verstanden, sondern auch das bewusst verzögernde Arbeiten oder das unberechtigte Nichterfüllen einer Weisung des Arbeitgebers.

Beispiele:

- Ein Exportsachbearbeiter benötigt trotz guter Fremdsprachenkenntnisse für jeden auf Englisch zu verfassenden Brief einen halben Arbeitstag. Er hat eben sehr hohe Ansprüche an die Qualität seiner Arbeit. Da dieser Arbeitnehmer nicht bewusst seine Arbeit verzögert, sondern diese schlicht sehr gut erfüllen möchte, liegt keine „verzögernde Arbeit" vor. Dennoch kann dieses Verhalten abgemahnt werden, wenn auch nicht wegen bewusster Verzögerung. Die Abmahnung muss allerdings genau die Vorstellungen des Arbeitgebers enthalten, innerhalb welchen Zeitrahmens fremdsprachliche Korrespondenz zu erledigen ist.

- Ein als Zweitkraft in einem Kindergarten tätiger Kinderpfleger lehnt eine Anweisung des Gruppenleiters mit der Begründung ab, diese entspräche nicht seinem persönlichen pädagogischen Konzept. Dieses Verhalten stellt bei Vorliegen einer einschlägigen Abmahnung eine zur Kündigung berechtigende Arbeitsverweigerung dar.
- Ein Arbeitnehmer weigert sich, zur Aussprache über eine das Arbeitsverhältnis betreffende Frage an einem Personalgespräch im Büro des Arbeitgebers teilzunehmen. Dieses Verhalten rechtfertigt eine Abmahnung und bei nochmaligem Verstoß eine Kündigung.

Regelmäßig ist vor der Kündigung eine Abmahnung erforderlich. Ist zu erwarten, dass der Arbeitnehmer auch in Zukunft seiner Arbeitspflicht nicht nachkommen wird, kann außerordentlich ohne vorherige Abmahnung gekündigt werden.

Eine zur Kündigung berechtigende Arbeitsverweigerung liegt allerdings dann **nicht** vor, wenn der Arbeitnehmer die **Leistung zu Recht verweigert**. Dies ist der Fall bei Weisungen des Arbeitgebers, die vom Arbeitsvertrag nicht gedeckt sind. Tätigkeiten, die der Arbeitnehmer nach dem Arbeitsvertrag nicht ausführen muss, darf er verweigern.

Beispiel: Ein Arbeitnehmer ist vertraglich als „Sachbearbeiter im Export" eingestellt. Eine Versetzungsklausel enthält der Arbeitsvertrag nicht. Ihm dürfen also keine anderen Tätigkeiten als Sachbearbeiteraufgaben in der Exportabteilung übertragen werden. Werden ihm dennoch Aufgaben, beispielsweise als Sachbearbeiter in der Personalabteilung, übertragen, darf er diese Arbeiten zu Recht verweigern. Eine verhaltensbedingte Kündigung ist trotz der Arbeitsverweigerung nicht möglich.

Eine verhaltensbedingte Kündigung wegen Arbeitsverweigerung kommt auch dann nicht in Betracht, wenn der Arbeitnehmer von einem Leistungsverweigerungs- bzw. Zurückbehaltungsrecht Gebrauch macht.

Beispiele:

- Der Arbeitgeber ist mit der Zahlung von Gehalt im Rückstand. Der Arbeitnehmer darf in diesem Fall seine Arbeitsleistung so lange verweigern, bis das fällige Gehalt bezahlt ist. Besteht allerdings ein nur geringer Gehaltsrückstand oder eine nur kurzfristige Verzögerung der Zahlung, darf der Arbeitnehmer seine Leistung nicht verweigern.
- Der Arbeitgeber erfüllt die Arbeitsschutzvorschriften nicht. Fehlt beispielsweise an einer Maschine eine Vorrichtung zum Schutz vor Verletzungen an der Hand, so darf der Arbeitnehmer seine Arbeitsleistung zunächst verweigern. Er muss aber zugleich seine Arbeitsleistung anbieten unter der Voraussetzung, dass der Arbeitgeber seinen Arbeitsschutzpflichten genügt. Kommt der Arbeitgeber seinen Pflichten dennoch nicht nach, darf der Arbeitnehmer zu Recht die Arbeit verweigern.
- Der Arbeitgeber ordnet unzulässige Mehrarbeit an. Der Arbeitnehmer braucht diese nicht zu leisten. Er darf die Arbeit verweigern.

4. Verletzung der Mitteilungspflicht bei Arbeitsunfähigkeit

Der Arbeitnehmer ist verpflichtet, unverzüglich – also ohne schuldhaftes Zögern – dem Arbeitgeber sowohl seine Arbeitsunfähigkeit als auch deren voraussichtliche Dauer mitzuteilen. Regelmäßig genügt eine telefonische Nachricht zu Beginn der betrieblichen Arbeitszeit. Zu informieren ist der Arbeitgeber oder der Vorgesetzte. Ein Telefonat mit Kollegen reicht nicht aus. Leitet nämlich der Kollege die Nachricht von der Erkrankung an den Arbeitgeber nicht weiter, geht dies zulasten des erkrankten Arbeitnehmers. Der Arbeitnehmer kann in diesem Fall abgemahnt und beim nächsten Verstoß gekündigt werden.

Beispiel: Ein Arbeitnehmer erkrankt plötzlich in der Nacht. Er informiert seinen Kollegen telefonisch, da dieser mit ihm zusammen einen Kundentermin wahrzunehmen hat. Bei dieser Gelegenheit bittet er ihn, der Personalabteilung Bescheid zu geben. Vergisst nun der Kollege, die Personalabteilung zu informieren, kann dem Arbeitnehmer der Vorwurf gemacht werden, er habe den Arbeitgeber nicht von seiner Erkrankung informiert und ist deshalb unentschuldigt von der Arbeit ferngeblieben. Es kann eine Abmahnung erteilt werden.

Bei einer länger als drei Tage dauernden Arbeitsunfähigkeit (der Tag der Erkrankung zählt dabei mit) hat der Arbeitnehmer dem Arbeitgeber spätestens am darauf folgenden Arbeitstag eine ärztliche Bescheinigung über die Arbeitsunfähigkeit vorzulegen. An diesem Tag muss die Arbeitsunfähigkeitsbescheinigung dem Arbeitgeber bereits zugegangen sein. Ein Absenden an diesem Tag per Post reicht nicht aus.

Beispiel: Ein Arbeitnehmer erkrankt an einem Montag. Somit muss die Arbeitsunfähigkeitsbescheinigung am Donnerstag dem Arbeitgeber vorliegen. Bei einer Erkrankung am Samstag muss die Arbeitsunfähigkeitsbescheinigung am Dienstag vorliegen.

Verstößt der Arbeitnehmer gegen diese Pflicht, kann er abgemahnt und beim nächsten Verstoß gekündigt werden. Die Vorlage der Arbeitsunfähigkeit kann vom Arbeitgeber auch früher verlangt werden. Hierfür benötigt er nicht das Einverständnis des Arbeitnehmers.

5. Zuspätkommen, vorzeitiges Verlassen des Arbeitsplatzes oder unentschuldigtes Nichterscheinen zur Arbeit

Jedes unentschuldigte Zuspätkommen und vorzeitige Verlassen des Arbeitsplatzes kann nach vorheriger Abmahnung zur verhaltensbedingten Kündigung führen. Ebenso das unentschuldigte Fernbleiben von der Arbeit.

Das Fernbleiben von der Arbeit ist allerdings dann entschuldigt, wenn beispielsweise ein **Kind erkrankt.** Zwar hat der Arbeitgeber die Freistellung von der Arbeit – auf die gem. §45 Abs. 3 Satz 1 SGB V ein Anspruch besteht – zu gewähren. Es ist jedoch nicht jedem Arbeitgeber bekannt, dass der Arbeitnehmer im Falle der Erkrankung eines Kindes einen gesetzlichen Anspruch auf **unbezahlte Freistellung** von der Arbeit hat. Sie erhalten übrigens bei Vorliegen der gesetzlichen Voraussetzungen von Ihrer Krankenkasse den Verdienstausfall erstattet.

Tipp: Sollten Sie wegen der Erkrankung eines Kindes von der Arbeit fernbleiben, darf Ihr Arbeitgeber Ihnen wegen dieser Fehlzeit keine Abmahnung erteilen. Selbstverständlich müssen Sie aber Ihren Arbeitgeber von den Umständen Ihres Fernbleibens von der Arbeit so früh wie möglich informieren. Erteilt er Ihnen dennoch eine Abmahnung, sollten Sie auf eine

Klärung der Rechtslage hinwirken. Es ist schließlich nicht unwahrscheinlich, dass ein vergleichbarer Fall in der Zukunft nochmals auftritt.

6. Arbeitsvertragswidrige private Telefon-, Internet- und E-Mail-Nutzung

Immer mehr Unternehmen haben einen betriebseigenen Internetzugang. Regelmäßig nutzen die Arbeitnehmer diesen Internetzugang mehr oder weniger intensiv. Auch das Telefonieren auf Kosten des Arbeitgebers ist weit verbreitet. Es besteht in diesen Fällen durchaus die Gefahr, dass der Arbeitgeber die Nutzung dieser Medien zum Anlass einer verhaltensbedingten Kündigung nimmt.

Ob eine Kündigung möglich ist oder nicht, hängt in erster Linie von der **Regelungslage im Betrieb** ab. Meist ist keinerlei schriftliche Regelung vorhanden. Allerdings muss in diesen Fällen geprüft werden, ob eine betriebliche Übung die private Nutzung von Telefon oder Internet erlaubt.

Sollte die private Telefon-, Internet- und E-Mail-Nutzung im Betrieb nicht geregelt sein, darf der Arbeitnehmer weder während der Arbeitszeit noch während der Pausen diese Medien ohne Erlaubnis des Arbeitgebers nutzen. Macht er dies nach einer Abmahnung dennoch, kann ohne weiteres gekündigt werden.

In vielen Fällen ist die private Telefon-, Internet- oder E-Mail-Nutzung im Betrieb zwar nicht ausdrücklich geregelt, aber dem Arbeitgeber ist bekannt, dass eine private Nutzung durch die Arbeitnehmer erfolgt. In diesem Fall könnte sich eine **betriebliche Übung** bezüglich der privaten Internet- und Telefonbenutzung entwickelt haben. Werden Telefon und Internet bereits über einen längeren Zeitraum hinweg privat genutzt und duldet dies der Arbeitgeber, so liegt eine betriebliche Übung vor.

Beispiel: Der Arbeitgeber sieht die Arbeitnehmer immer wieder privat telefonieren und im Internet surfen. Er schreitet dagegen nicht ein, woraus die Arbeitnehmer schließen durften, dass der Arbeitgeber mit der privaten Nutzung dieser Medien einverstanden ist.

Möchte der Arbeitgeber die private Nutzung von Telefon und Internet künftig verbieten, so muss er allen Arbeitnehmern gegenüber ein Verbot aussprechen. Dieses Verbot allerdings darf nicht einfach erteilt werden, sondern muss bestimmten Anforderungen entsprechen. Wenn sich bereits eine **betriebliche Übung** bezüglich der privaten Internetbenutzung entwickelt hat, kann der Arbeitgeber diese betriebliche Übung nur durch eine **Änderungskündigung** beseitigen. Möglich ist selbstverständlich auch, dass sich der Arbeitnehmer ausdrücklich mit einem einfachen Verbot einverstanden erklärt und damit seine Rechtsposition aus der betrieblichen Übung aufgibt. Ein Anspruch des Arbeitgebers auf ein solches Einverständnis des Arbeitnehmers besteht allerdings nicht.

Beispiel: Sachverhalt wie obiges Beispiel. Nun entscheidet sich der Arbeitgeber nach mehreren Jahren, dieser Praxis ein Ende zu bereiten und verkündet jedem Arbeitnehmer schriftlich, dass künftig private Telefonate und private Internetnutzung während der Arbeitszeit untersagt sind. Diese Weisung ist nicht wirksam, da sich im Laufe der Jahre eine betriebliche Übung gebildet hat, wonach die Arbeitnehmer während der Arbeitszeit privat telefonieren und das Internet privat nutzen dürfen. Dem Arbeitgeber bleibt nichts anderes übrig, als jedem Arbeitnehmer mit einer Änderungskündigung die Privatnutzung von Telefon und Internet zu verbieten.

Wenn in den obigen Beispielen der Arbeitgeber gegen die private Nutzung von Telefon oder Internet nicht einschreitet, kann wegen der Privatnutzung weder eine Abmahnung noch eine Kündigung ausgesprochen werden.

Ein klarer Fall liegt vor, wenn im **Arbeitsvertrag** oder einer **Betriebsvereinbarung** ausdrücklich geregelt ist, dass eine private Nutzung von Internet und Telefon untersagt ist. Nutzt der Arbeitnehmer dennoch das Telefon oder das Internet privat, kann abgemahnt und bei einem erneuten Verstoß gekündigt werden.

Ist einem Arbeitnehmer die private Nutzung von Telefon und Internet zeitlich begrenzt – also zum Beispiel in den **Pausen** – erlaubt, so ist jede Privatnutzung während der Arbeitszeit eine kündigungsrelevante Pflichtverletzung.

Selbst bei einem Verbot privater Nutzung von Telefon und Internet darf der Arbeitgeber die **dienstlich veranlasste Privatnutzung** nicht verbieten.

Beispiel: Ein Arbeitnehmer mailt seiner Ehefrau, dass er wegen unvorhergesehener Überstunden später nach Hause kommt.

Nun zu einem Fall, der immer zur fristlosen Kündigung führt: Lädt der Arbeitnehmer aus dem Internet Seiten mit strafbarem Inhalt herunter, ist das Arbeitsverhältnis so gut wie beendet.

Beispiel: Ein Arbeitnehmer lädt Seiten, die strafbare Pornografie darstellen, aus dem Internet herunter. Dasselbe gilt, wenn er sich diese Seiten einfach nur anschaut.

7. Vorgetäuschte Arbeitsunfähigkeit

Eine vorgetäuschte Arbeitsunfähigkeit kann eine außerordentliche Kündigung ohne vorherige Abmahnung rechtfertigen. Es muss allerdings beweisbar feststehen, dass die Arbeitsunfähigkeit nur vorgetäuscht war. Kann der Arbeitgeber diesen Beweis nicht führen, wird regelmäßig eine Verdachtskündigung in Betracht gezogen, bei der der Arbeitnehmer vor Ausspruch der Kündigung anzuhören ist.

Beispiel: Ein arbeitsunfähig erkrankter Arbeitnehmer besucht während seiner Krankheit ein Restaurant. Ist ein Restaurantbesuch wegen der Art der Erkrankung möglich, weil der Arbeitnehmer beispielsweise wegen einer Verletzung der Hand arbeitsunfähig ist, so darf nicht gekündigt werden. Anders wäre es bei einer Darmgrippe. In diesem Fall wäre eine fristlose Kündigung gerechtfertigt.

8. Abänderung oder Erschleichen einer Arbeitsunfähigkeitsbescheinigung

Da es sich beim Abändern oder Erschleichen einer Arbeitsunfähigkeitsbescheinigung um eine Straftat handelt, ist eine außerordentliche Kündigung möglich. Allerdings muss der Arbeitgeber beweisen, dass die Arbeitsunfähigkeitsbescheinigung geändert oder erschlichen wurde.

9. Alkoholverbot

In zahlreichen Betrieben ist es üblich, zumindest in kleinem Umfang Alkohol zu konsumieren. Dies ist vor allem anlässlich von Betriebsfeiern oder Geburtstagen von Arbeitnehmern der Fall. Ob damit ein kündigungsrelevantes Verhalten vorliegt, kommt auf den Einzelfall an.

Der Konsum von Alkohol ist nicht ohne weiteres vertragswidrig. Es muss ein absolutes oder ein relatives Alkoholverbot im Betrieb bestehen. Besteht im Betrieb ein **absolutes Alkoholverbot**, so kann jeder Alkoholkonsum - sei es auch nur in sehr geringem Maße - zur Abmahnung und zur verhaltensbedingten Kündigung führen. Beim **relativen Alkoholverbot** ist Alkohol nur in bestimmten Situationen - beispielsweise in der Pause - erlaubt.

Besteht im Betrieb mangels einer arbeitsvertraglichen oder sonstigen Regelung überhaupt kein Alkoholverbot, darf der Arbeitnehmer dennoch keinen Alkohol zu sich nehmen, wenn er damit andere gefährdet oder seine Pflichten aus dem Arbeitsverhältnis nicht erfüllen kann.

Vor Ausspruch einer verhaltensbedingten Kündigung wegen eines Verstoßes gegen ein bestehendes Alkoholverbot ist eine Abmahnung notwendig, wobei auch eine vorweggenommene Abmahnung ausreichend ist. Nur ausnahmsweise kann von einer Abmahnung abgesehen und außerordentlich gekündigt werden. Solche Fälle liegen insbesondere vor, wenn betriebserhebliche Sicherheitsvorschriften vorsätzlich missachtet werden oder eine erhebliche Menge Alkohol getrunken wird, obwohl die Arbeit in einem gefahrträchtigen Bereich stattfindet.

Im Zusammenhang mit Abmahnungen oder verhaltensbedingten Kündigungen wegen Alkoholkonsums ist zu beachten, dass der Arbeitgeber genau darlegen muss, dass der Arbeitnehmer Alkohol konsumiert hat. Wenn es für den Alkoholkonsum keine Zeugen gibt, dürfte es für den Arbeitgeber kaum möglich sein, einen nur geringen Alkoholkonsum darzulegen und zu beweisen. Es reicht nicht aus, wenn der Arbeitgeber in einer Abmahnung beispielsweise vom „stark alkoholisierten Zustand" des Arbeitnehmers spricht. Er muss darlegen, an welchen Merkmalen er den Alkoholkonsum zu erkennen glaubt. Ein Nachweis mittels eines Alkomaten ist übrigens nur mit Zustimmung des Arbeitnehmers zulässig. Stimmt der Arbeitnehmer dem Test nicht zu, so darf daraus nicht geschlossen werden, der Arbeitnehmer sei alkoholisiert.

Besteht **Alkoholismus als Krankheit**, kann nicht verhaltensbedingt, sondern nur personenbedingt gekündigt werden. Von Alkoholismus wird dann ausgegangen, wenn der Arbeitnehmer nicht mehr in der Lage ist, seinen Alkoholkonsum zu steuern. Es wird auf die Ausführungen im Rahmen der personenbedingten Kündigung wegen Alkoholkrankheit verwiesen.

10. Außerdienstliches Verhalten

Grundsätzlich können außerdienstliche Umstände nicht für eine Kündigung herangezogen werden. Etwas anderes gilt dann, wenn das außerdienstliche Verhalten in Bezug zum Arbeitsverhältnis steht.

Beispiele: Vermögensstraftat eines Kassenangestellten, Straßenverkehrsdelikt wegen Trunkenheit eines Busfahrers, Erzieher verletzt vorsätzlich ein Kind.
Gegenbeispiel: Betreibt eine Grundschullehrerin einen Swingerclub, reicht dies nach Auffassung der Rechtsprechung für eine Kündigung nicht aus, wenn zwischen dem Club und der Grundschule eine Entfernung von mehr als 70 km liegt.

Das außerdienstliche Verhalten kann zur Kündigung herangezogen werden, wenn hierdurch die Produkte oder Leistungen des Arbeitgebers oder sonstige Aspekte des Unternehmens öffentlich angegriffen werden. Dies gilt vor allem für Tendenzbetriebe, also beispielsweise im kirchlichen Dienst.

Beispiel: Ein Arbeitnehmer startet eine öffentliche Aktion gegen das Produktionsprogramm des Arbeitgebers.

Ob vor einer Kündigung eine Abmahnung ausgesprochen werden muss, hängt von der Schwere des Umstandes und dem Bezug zum Betrieb ab, ebenso von der Prognose, ob der Arbeitnehmer sein Verhalten ändern wird.

11. Beleidigung des Arbeitgebers, des Vorgesetzten oder Kollegen

Wenn das Verhältnis zwischen Arbeitgeber und Arbeitnehmer nicht mehr von gegenseitiger Achtung und Vertrauen geprägt ist, kommt es häufig zu Äußerungen, die der andere als Beleidigung versteht. Dabei ist oft eine Nebensächlichkeit der Anlass für überzogene Kritik oder Missverständnisse zwischen Arbeitgeber und Arbeitnehmer. Ebenso führt das tägliche Miteinander unter Kollegen mitunter zu Missstimmungen und im extremen Fall zu Aussagen, die die Grenze zur Beleidigung überschreiten können.

Die bereits von den Arbeitsgerichten entschiedenen Fälle möglicher kritischer Äußerungen oder Beleidigungen sind sehr zahlreich. Eine beispielhafte Aufzählung von Äußerungen, die zu einer verhaltensbedingten Kündigung führen und Äußerungen, die nicht zu einer Kündigung führen, würde im konkreten Fall allerdings nicht weiterhelfen. Es kommt nicht allein auf den Wortlaut einer Äußerung an. Es sind vielmehr die **Gesamtumstände** zu würdigen. So kommt es beispielsweise neben dem Wortlaut der Äußerung darauf an, ob über mehrere Hierarchieebenen hinweg beleidigt wurde oder ob ein Kollege einen anderen beleidigt hat. Zudem müssen die Gepflogenheiten und der Umgang der Betriebsangehörigen untereinander in die Beurteilung mit einbezogen werden.

Richtet sich die Beleidigung gegen den **Vorgesetzten**, kann außerordentlich gekündigt werden, wenn eine Zusammenarbeit von Arbeitnehmer und Arbeitgeber nicht mehr möglich ist. Es muss jedoch feststehen, dass eine Zusammenarbeit künftig nicht mehr möglich ist. Dies ist festzustellen anhand der bisherigen Dauer des Arbeitsverhältnisses und wie das Verhältnis zwischen Arbeitgeber und Arbeitnehmer in der Vergangenheit war. Handelt es sich bei der Beleidigung um einen einmaligen Ausrutscher, kann kaum davon ausgegangen werden, dass eine Zusammenarbeit von Arbeitnehmer und Arbeitgeber künftig nicht mehr möglich ist.

Sind unbeteiligte Dritte anwesend, so ist eher eine Kündigung gerechtfertigt als bei einer Beleidigung „unter vier Augen“. Dies ist insbesondere dann der Fall, wenn die Gefahr einer Rufschädigung des Unternehmens in der Öffentlichkeit besteht.

Äußert der Arbeitnehmer nur eine **Kritik** am Arbeitgeber, kann eine verhaltensbedingte Kündigung nicht ausgesprochen werden.

Richtet sich die Beleidigung gegen einen **Kollegen** des Arbeitnehmers, muss dadurch der Betriebsfrieden unzumutbar belastet werden oder eine Auswirkung auf die Arbeitsleistung feststellbar sein. Eine **Störung des Betriebsfriedens** liegt regelmäßig nur dann vor, wenn die Beleidigungen eine gewisse Beharrlichkeit erreichen. Vor der Kündigung ist der Arbeitnehmer abzumahnen.

Welchen Grad die Beleidigung haben muss, ist von Einzelfall zu Einzelfall unterschiedlich. Als Richtschnur kann jedoch gelten, dass Beleidigungen auf gleicher Hierarchieebene deftiger ausfallen dürfen als Beleidigungen über ein ausgeprägtes Hierarchiegefälle hinweg.

Beispiel: Ein Arbeiter beleidigt den Vorarbeiter mit den Worten „Sklaventreiber". Wenn diese Beleidigung innerhalb eines emotional geführten Disputs erfolgt und der Arbeitnehmer nicht mehr an der Beleidigung festhält, indem er beispielsweise bestreitet, diese Äußerung getan zu haben, kann diesem Arbeitnehmer nicht gekündigt werden. Lediglich eine Abmahnung darf die Folge dieses Verhaltens sein.

Allerdings rechtfertigen selbst schwerste Beleidigungen eines Vorgesetzten gegen einen Mitarbeiter keine Kündigung, wenn der Beleidigte sie hinnimmt und erst nach längerer Zeit beanstandet und deshalb keine Störung des Betriebsfriedens eintritt.

Ist damit zu rechnen, dass der Arbeitnehmer sein Verhalten nicht ändern wird, kann außerordentlich gekündigt werden; ebenso in dem Fall, in dem die Beleidigung so schwer wiegt, dass das Vertrauen nicht mehr wiederhergestellt werden kann. Dies ist insbesondere im Zusammenhang mit **rassistischen** oder **ausländerfeindlichen** Äußerungen der Fall.

12. Tätlichkeit gegen den Arbeitgeber, Vorgesetzten oder Kollegen

Eine Tätlichkeit gegen den Arbeitgeber, Vorgesetzten oder Kollegen ist als Straftat immer kündigungsrelevant. Ob der Kündigung eine Abmahnung vorausgehen muss, hängt von der **Schwere der Tätlichkeit** und der **Wiederholungsgefahr** ab. Dabei gilt: Je schwerer die Körperverletzung ist, desto eher kann außerordentlich gekündigt werden. Ist die Tätlichkeit jedoch beispielsweise durch Notwehr gerechtfertigt, ist eine Kündigung nicht rechtmäßig.

Beispiel: Ein Arbeitnehmer wird von seinem Arbeitgeber am Arm festgehalten, da der Arbeitnehmer das Büro des Arbeitgebers verlassen möchte. Im Gegensatz zum Arbeitgeber hat der Arbeitnehmer keine Lust mehr, ein begonnenes Personalgespräch fortzuführen. Der Arbeitnehmer schubst daraufhin den Arbeitgeber weg, damit ihn dieser loslässt. Dabei stolpert der Arbeitgeber und verletzt sich. Dieses Verhalten des Arbeitnehmers kann nicht zur Kündigung – und auch nicht zur Abmahnung – führen, da es durch Notwehr gerechtfertigt war. Der Arbeitgeber war nicht berechtigt, den Arbeitnehmer am Arm festzuhalten.

13. Sexuelle Belästigung

Die Arbeitnehmer sind am Arbeitsplatz vom Arbeitgeber vor sexueller Belästigung zu schützen. Deshalb ist im Falle einer schwerwiegenden sexuellen Belästigung die außerordentliche Kündigung ohne vorhergehende Abmahnung gerechtfertigt. Eine schwerwiegende sexuelle Belästigung liegt dann vor, wenn ein vorsätzliches und vom Betroffenen erkennbar abgelehntes Verhalten vorliegt. Nimmt jedoch ein Beschäftiger einer psychiatrischen Einrichtung sexuelle Kontakte mit einem Patienten auf, so ist eine außerordentliche Kündigung gerechtfertigt. Liegt ein weniger gravierendes Verhalten vor, so kann nach der Rechtsprechung erst nach Ausspruch einer Abmahnung verhaltensbedingt gekündigt werden.

14. Spesenmanipulation

Da bei der Spesenmanipulation ein Vermögensdelikt vorliegt, durch das das Vertrauen auch bei einem kleineren Betrag und bei Einmaligkeit nachhaltig zerstört wird, ist regelmäßig eine **außerordentliche Kündigung** gerechtfertigt. Allerdings muss ein Versehen des Arbeitnehmers oder gar fremdes Verschulden ausgeschlossen sein.

Beispiel: Erstellt die Sekretärin des Arbeitnehmers die Spesenabrechnung für diesen und wird die Spesenabrechnung lediglich vom Arbeitnehmer unterzeichnet, ist dem Arbeitnehmer eine versehentlich falsche Spesenabrechnung der Sekretärin nicht zuzurechnen. Eine Kündigung ist nicht zulässig.

Der Arbeitgeber muss dem Arbeitnehmer Vorsatz nachweisen können. Dies ist insbesondere dann nicht möglich, wenn der konkrete Fall eine nur versehentlich falsche Spesenabrechnung nahelegt.

Beispiel: Ein Arbeitnehmer rechnet eine Fahrt ab, die nicht stattgefunden hat. Zur Begründung dieses Fehlers führt er an, dass er die Spesenabrechnung anhand seines Kalenders erstellt hat und dort ein Kundentermin eingetragen war, der jedoch kurz zuvor abgesagt wurde. Dieses jedoch hat er vergessen, in den Kalender einzutragen. Da dieser Arbeitnehmer häufig Kunden mit seinem Privatfahrzeug besucht, kann er sich darauf berufen, dass er versehentlich in seinem Terminkalender diesen Kundentermin nicht gestrichen und somit dieser Termin Eingang in seine Spesenabrechnung gefunden hat. Aufgrund der Vielzahl der Kundentermine konnte er zum Zeitpunkt der Spesenabrechnung sich nicht mehr daran erinnern, dass dieser Termin tatsächlich nicht stattgefunden hat. Eine außerordentliche Kündigung ist in diesem Fall nicht rechtmäßig. Der Arbeitgeber darf lediglich eine Abmahnung erteilen und erst beim nächsten Verstoß kündigen.

15. Gleitzeitmanipulation oder Fälschung der Stempelkarte

Es kommt immer wieder vor, dass ein Arbeitnehmer kurz vor Ende der Arbeitszeit – vor allem wenn es nichts mehr zu tun gibt – den Arbeitsplatz vorzeitig verlässt, dennoch aber als Ende der Arbeitszeit einen späteren Zeitpunkt dokumentiert oder dokumentieren lässt.

Beispiele:
- Ein Arbeitnehmer bittet um 15.00 Uhr einen Kollegen, seine Stempelkarte bei Arbeitsende um 16.00 Uhr mitzunehmen und mit abzustempeln. Um 15.00 Uhr verlässt der Arbeitnehmer den Betrieb.
- Ein Arbeitnehmer stempelt ein und verlässt den Betrieb nochmals kurz, um beim Bäcker ein Frühstück zu holen. Erst danach nimmt er die Arbeit auf.

Die **außerordentliche Kündigung** ohne vorherige Abmahnung ist gerechtfertigt, da **Betrug** über die Ableistung der wirklichen Arbeitszeit vorliegt und dies eine schwere Straftat darstellt. Allerdings haben Arbeitsgerichte bei einer nur ganz geringfügigen Manipulation ausnahmsweise eine vorherige Abmahnung gefordert. Damit kann die Kündigung erst beim nächsten Verstoß erfolgen. Dies sind aber tatsächlich Ausnahmefälle. Fast immer führt die Gleitzeitmanipulation zur außerordentlichen Kündigung.

16. Diebstahl auch nur geringwertiger Sachen und sonstige Straftaten gegenüber dem Arbeitgeber oder Kollegen

Strafbares Verhalten gegenüber dem Arbeitgeber oder gegenüber Kollegen rechtfertigt immer eine **außerordentliche Kündigung**. Insbesondere bei Vermögensdelikten ist die Rechtsprechung hier einheitlich.

Da auch der **Diebstahl geringwertiger Sachen** strafbar ist, darf in diesen Fällen eine außerordentlichen Kündigung ausgesprochen werden. Dies selbst dann, wenn die gestohlene Ware ohnehin nicht mehr verkauft werden kann oder zur Entsorgung vorgesehen ist. Grund für diese sehr strenge Rechtsprechung ist die Tatsache, dass sich der Arbeitgeber darauf verlassen können muss, dass der Arbeitnehmer sein Eigentum achtet und sich nicht zu Diebstahl oder Unterschlagung verführen lässt. Es geht deshalb nicht um den materiellen Wert, den der Arbeitgeber bei Diebstahl oder Unterschlagung des Arbeitnehmers verliert, sondern um den Verlust von Vertrauen.

Beispiele:

- Ein Bäckereifachverkäufer nimmt ein Stück Bienenstich aus der Verkaufstheke und verzehrt es. Diesem Arbeitnehmer kann außerordentlich gekündigt werden.
- Ein Arbeitnehmer hat neun Privatbriefe durch die Frankiermaschine des Arbeitgebers laufen lassen. Die Portokosten beliefen sich auf ca. 5 EUR. Diesem Arbeitnehmer darf außerordentlich gekündigt werden, da ein strafrechtlich relevantes „Erschleichen von Leistungen" vorliegt.

Ist jedoch der Umfang des dem Arbeitgeber zugefügten Schadens äußerst gering und die Stellung des Arbeitnehmers im Betrieb nur eine ganz untergeordnete, ist nach der Rechtsprechung vor Ausspruch der Kündigung eine Abmahnung zu erteilen.

Beispiel: Ein ungelernter Arbeitnehmer eines Fliesenlegers nimmt ein Stück nicht mehr benötigten Fliesenverschnitt mit nach Hause, da er zufälligerweise dieselben Fliesen in seinem eigenen Haus verlegt und diesen für den Arbeitgeber unbrauchbaren Rest verwerten kann. Dieser Arbeitnehmer darf nur abgemahnt werden. Eine sofortige Kündigung würde unverhältnismäßig und damit rechtswidrig sein.

17. Anzeige gegen den Arbeitgeber

Selbst wenn die der Anzeige zugrundeliegenden Tatsachen wahr sind, darf der Arbeitnehmer weder ein Strafverfahren noch ein steuer- oder ordnungsbehördliches Verfahren gegen den Arbeitgeber initiieren. Der Arbeitnehmer hat seine **Verschwiegenheitspflicht** zu wahren. Eine Ausnahme gilt lediglich dann, wenn es um die Vermeidung von Schäden an höherwertigen Rechtsgütern geht. Die Anzeige des Arbeitnehmers gegen den Arbeitgeber darf keine unverhältnismäßige Reaktion des Arbeitnehmers auf ein Verhalten des Arbeitgebers sein. Sie ist erst dann zulässig, wenn der Arbeitnehmer zuvor versucht hat, die rechtswidrigen Zustände auf andere Art und Weise zu beseitigen, beispielsweise durch ein Gespräch mit dem Arbeitgeber oder durch die Geltendmachung eines Leistungsverweigerungsrechts.

Beispiel: Ein LKW-Fahrer erhält von seinem Arbeitgeber die Weisung, mit einem überladenen Fahrzeug zu fahren. Der Arbeitnehmer hat in diesem Fall lediglich das Recht, die Arbeit zu verweigern. Eine Anzeige des Arbeitgebers könnte eine Kündigung nach sich ziehen. Die Arbeitsverweigerung hingegen ist rechtmäßig und berechtigt den Arbeitgeber nicht zur Kündigung.

Eine **leichtfertig unwahre** oder **bewusst falsche** Anzeige darf zur verhaltensbedingten Kündigung führen. Ob eine außerordentliche Kündigung gerechtfertigt ist oder nur ordentlich gekündigt werden darf, hängt von den konkreten Umständen des Einzelfalls ab. Entscheidend ist dabei die Schwere des mit der Anzeige verbundenen Vorwurfs und auch der Beweggrund des Arbeitnehmers. Je verwerflicher der Beweggrund des Arbeitnehmers ist, desto eher kann der Arbeitgeber außerordentlich kündigen. Erstattet der Arbeitnehmer jedoch in gutem Glauben eine falsche Anzeige, so ist eine Kündigung nur dann rechtmäßig, wenn der Arbeitnehmer nicht alles getan hat, um die Situation richtig zu beurteilen.

Tipp: Versuchen Sie vor Erstattung einer Anzeige gegen den Arbeitgeber immer, die Situation innerbetrieblich zu klären. Erst nachdem Gespräche mit dem Arbeitgeber o. ä. scheitern, sollten Sie eine Strafanzeige in Betracht ziehen.

18. Verstoß gegen Sicherheitsvorschriften

Nicht selten haben Arbeitnehmer bei der Ausführung ihrer Arbeit Sicherheitsvorschriften zu beachten. Diese können in der Pflicht zur Benutzung von Schutzbrillen oder Sicherheitsschuhen o. ä. bestehen. Hält ein Arbeitnehmer trotz Abmahnung die Arbeitsschutz- und Sicherheitsvorschriften nicht ein, so kann eine verhaltensbedingte Kündigung ausgesprochen werden. Vor allem, wenn durch den Verstoß gegen Sicherheitsvorschriften die Sicherheitsinteressen des Arbeitgebers berührt werden, kann außerordentlich gekündigt werden.

Beispiel: Ein Mitarbeiter eines Atomkraftwerks lässt Sicherheitsvorschriften außer Acht.

19. Nichtvorlage von Arbeitspapieren

Legt der Arbeitnehmer Arbeitspapiere nicht spätestens am Tag der Arbeitsaufnahme vor, kann nach vorheriger Abmahnung eine verhaltensbedingte Kündigung ausgesprochen werden. Zu den Arbeitspapieren gehört beispielsweise die Lohnsteuerkarte, die Bescheinigung des früheren Arbeitgebers über den im laufenden Kalenderjahr bereits genommenen Erholungsurlaub oder in der Lebensmittelbranche das Gesundheitszeugnis.

20. Verdachtskündigung

Eine Verdachtskündigung kommt dann in Betracht, wenn der Arbeitgeber zwar den Verdacht hegt, dass der Arbeitnehmer seine Pflichten aus dem Arbeitsvertrag verletzt, dies jedoch nicht beweisen kann. Bei der Verdachtskündigung ist die Zerstörung des Vertrauens in den Arbeitnehmer durch einen Verdacht nicht erwiesenen Verhaltens der Kündigungsgrund.

Voraussetzung der Verdachtskündigung sind objektive Tatsachen, die den Verdacht einer schweren Vertragsverletzung oder einer Straftat begründen. Es muss eine Prognose aufgestellt werden können, dass gerade dieser Arbeitnehmer die Tat begangen hat. Dabei muss – würde sich der Sachverhalt bestätigen – eine außerordentliche Kündigung gerechtfertigt sein. Diese negative Prognose muss es untragbar erscheinen lassen, das Arbeitsverhältnis bis zum Beweis des Gegenteils aufrechtzuerhalten. Dabei hat der Arbeitgeber alle Anstrengungen zur **Aufklärung** zu unternehmen, wozu auch zwingend die **Anhörung** des Arbeitnehmers gehört. Ohne Anhörung des Arbeitnehmers ist eine Verdachtskündigung nicht rechtmäßig. Bei der Anhörung muss der Arbeitgeber die aus seiner Sicht bestehenden Verdachtsmomente darlegen. Danach ist dem Arbeitnehmer ausreichend Gelegenheit zu geben, die Verdachtsmomente zu widerlegen.

Beispiel: Ein Arbeitgeber hat den Verdacht, dass ein Arbeitnehmer immer wieder die Stempelkarte manipuliert, indem er einem Kollegen die Stempelkarte übergibt, damit dieser sie abstempelt. Er führt deshalb mit dem Arbeitnehmer ein Personalgespräch, bei dem er darlegt, dass dieser Kollege ihm bereits „alles gestanden" hätte, obwohl dies nicht zutrifft. Diese „Anhörung" erfüllt nicht die Bedingungen eines rechtmäßigen Anhörungsgesprächs. Der Arbeitgeber hat den Sachverhalt und die Beweislage zutreffend darzulegen. Würde diesem Personalgespräch eine verhaltensbedingte Kündigung folgen, so wäre diese mangels wirksamer Anhörung des Arbeitnehmers unwirksam.

Wird ein **Strafverfahren** gegen den Arbeitnehmer **eingestellt** oder wird er freigesprochen, hat allein dies für die Rechtmäßigkeit der Verdachtskündigung keine Bedeutung. Im Falle eines Freispruchs kommt es auf die Begründung des Freispruchs an, ob die Verdachtskündigung gerechtfertigt ist oder nicht.

Die Verdachtskündigung kann sowohl außerordentlich als auch ordentlich erfolgen. Es kommt hierbei auf die Schwere der vorgeworfenen Tat an.

Der Ausspruch einer Verdachtskündigung erfolgt meist dann, wenn Verstöße des Arbeitnehmers vom Arbeitgeber nicht bewiesen werden können oder die Beweislage für den Arbeitgeber nicht optimal ist.

Eine Verdachtskündigung kann zugleich mit der Tatkündigung ausgesprochen werden. Sie kann zudem im Kündigungsschutzprozess nachgeschoben werden. Voraussetzung ist allerdings jeweils die ordnungsgemäße Anhörung des Betriebsrats.

Beispiel: Ein Arbeitnehmer soll wegen Diebstahl gekündigt werden. Der Betriebsrat wird deshalb angehört und erteilt seine Zustimmung. Nun erfährt der Arbeitgeber nach Betriebsratsanhörung, dass der Diebstahl möglicherweise doch nicht von diesem Arbeitnehmer, sondern von einem anderen Mitarbeiter begangen wurde. Er glaubt jedoch nicht an dessen Unschuld, weshalb er an der beabsichtigten Kündigung festhalten möchte. Da er den Diebstahl durch diesen Mitarbeiter nicht beweisen kann, spricht er lediglich eine Verdachtskündigung aus. Diese Kündigung ist schon wegen fehlender Anhörung des Betriebsrats nicht rechtmäßig, und der Arbeitnehmer gewinnt den Kündigungsschutzprozess.

Sollte übrigens der Verdacht aufgrund dessen die Kündigung ausgesprochen wurde, sich im Nachhinein als falsch erweisen, kann der Arbeitnehmer einen Wiedereinstellungsanspruch geltend machen.

21. Abwerbung

Der Arbeitnehmer hat jegliche Abwerbung von Kollegen zu unterlassen, selbst während einer Freistellung. Versucht er dies trotzdem, kann eine außerordentliche verhaltensbedingte Kündigung ausgesprochen werden. Vor allem, wenn versucht wird, die Abwerbung mit sittenwidrigen Mitteln zu erreichen, ist eine außerordentliche Kündigung zulässig. Eine sittenwidrige Abwerbung liegt vor, wenn der Abwerbende für die Abwerbung eine Gegenleistung erhält oder für ein Konkurrenzunternehmen gearbeitet werden soll. Ebenso wenn es sich um Abwerbung nachgeordneter Mitarbeiter handelt.

Beispiel: Ein angestellter Ingenieur führt mit einem potentiellen Arbeitgeber ein Bewerbungsgespräch und erwähnt dabei, er arbeite innerhalb eines gut eingespielten Teams und könne seine Kollegen bewegen, ebenfalls den Arbeitgeber zu wechseln. Der Ingenieur kann fristlos entlassen werden.

Sittenwidrigkeit liegt auch vor, wenn die Kollegen verleitet werden, unter Vertragsbruch beim bisherigen Arbeitgeber auszuscheiden oder wenn im Auftrag eines Konkurrenten abgeworben wird.

22. Mobbing

Schikaniert oder diskriminiert ein Arbeitnehmer systematisch einen Kollegen oder schikaniert oder diskriminiert ein Vorgesetzter systematisch einen nachgeordneten Mitarbeiter, kann dieser Arbeitnehmer nach vorheriger Abmahnung eine Kündigung ausgesprochen werden. Im Kündigungsschutzprozess muss der Arbeitgeber den Tatbestand des Mobbing darlegen und gegebenenfalls beweisen. Dabei kann die Abgrenzung zu erlaubten Verhaltensweisen durchaus Schwierigkeiten bereiten. Lässt sich also im Nachhinein nicht beweisen, dass Mobbing und nicht nur ein geringfügiger Vorfall vorlag, ist die Kündigung nicht rechtmäßig.

23. Selbstbeurlaubung und eigenmächtige Urlaubsverlängerung

Die Selbstbeurlaubung ist generell ein Grund für eine außerordentliche Kündigung. Die außerordentliche Kündigung ist bis zwei Wochen nach dem erstmaligen Wiedererscheinen des Arbeitnehmers zulässig.

Beispiel: Ein Arbeitgeber kündigt einem Arbeitnehmer mit folgender Erklärung: „Hiermit kündigen wir das mit Ihnen bestehende Arbeitsverhältnis mit sofortiger Wirkung. Obwohl Sie in unserem Gespräch am Freitag, dem 8. Juli, ausdrücklich darauf hingewiesen wurden, dass Sie aus betrieblichen Gründen erst ab dem 13. Juli Urlaub erhalten, sind Sie bereits vorzeitig abgereist und am Montag, dem 11. Juli, und Dienstag, dem 12. Juli, unberechtigt der Arbeit ferngeblieben. Aus diesem grob vertragswidrigen Verhalten sind uns erhebliche betriebliche Schwierigkeiten entstanden. Uns ist daher eine Fortsetzung des Arbeitsverhältnisses bis zum Ende der Kündigungsfrist nicht zuzumuten. Sollte diese außerordentliche Kündigung aus irgendeinem Grund unwirksam sein, erfolgt die Kündigung als ordentliche Kündigung zum nächstzulässigen Termin. Der Betriebsrat wurde zur außerordentlichen und zur hilfsweise ordentlichen Kündigung gehört. Die Stellungnahme erhalten Sie in der Anlage."

Kündigt ein Arbeitnehmer die Selbstbeurlaubung gegenüber dem Arbeitgeber an, so ist eine sofortige Kündigung nicht rechtmäßig. Es hätte zunächst eine Abmahnung ausgesprochen werden müssen. Droht der Arbeitnehmer mit Arbeitsunfähigkeit für den Fall der Verweigerung des gewünschten Urlaubs, kann allein aufgrund der Drohung eine außerordentliche Kündigung erfolgen. Dies selbst dann, wenn der Arbeitnehmer die Drohung nicht verwirklicht oder wenn er tatsächlich erkrankt. Nimmt der Arbeitnehmer aber nur irrtümlich an, der Urlaub sei genehmigt, so darf nur abgemahnt werden.

24. Schmiergeldannahme

Selbst die nur versuchte Schmiergeldannahme berechtigt zur **außerordentlichen Kündigung**, da regelmäßig das Vertrauen in den Arbeitnehmer und dessen Zuverlässigkeit nachhaltig zerstört sein wird. Unter „Schmiergeld“ wird übrigens nicht nur Geld verstanden, sondern auch sonstige Vergünstigungen, wie zum Beispiel die leihweise Überlassung eines Fahrzeugs durch einen Autohändler oder die unentgeltliche Errichtung eines Ferienhauses. Werden jedoch sozialadäquate Gelegenheitsgeschenke oder übliche Trinkgelder angenommen, so ist eine Kündigung nicht gerechtfertigt.

25. Schwarzarbeit

Schwarzarbeit ist eine entgeltliche Tätigkeit, die jedoch weder ordnungsgemäß bei den Sozialversicherungsträgern gemeldet ist, noch für die Steuern abgeführt werden. Die Verträge werden meist mündlich abgeschlossen, und die Bezahlung erfolgt in bar. Somit lässt sich Schwarzarbeit im Nachhinein nur schwer beweisen.

Für die kündigungsrechtliche Relevanz der Schwarzarbeit ist zwischen der Schwarzarbeit während und außerhalb der Arbeitszeit zu unterscheiden. Wird **während der Arbeitszeit** Schwarzarbeit verübt, kann außerordentlich gekündigt werden, da der Arbeitnehmer Pflicht zur Leistung für den Arbeitgeber verletzt. Ob der Arbeitnehmer mit der Schwarzarbeit in Konkurrenz zu seinem Arbeitgeber tritt, ist unerheblich.

Beispiele:

- Ein Arbeitnehmer ist als kaufmännischer Angestellter für seinen Arbeitgeber tätig und erledigt während seiner Arbeitszeit die Buchhaltung für einen mit ihm befreundeten Unternehmer.
- Ein Grundstückseigentümer beauftragt einen Maurer mit der Errichtung einer Garage. Ein Arbeitnehmer dieses Handwerkers errichtet neben

der beauftragten Garage eine Gartenmauer mit bereits vorhandenen Steinen. Für die Gartenmauer erhält er vom Grundstückseigentümer 100 Euro in bar.

Eine **außerhalb der Arbeitszeit** verübte Schwarzarbeit kann mangels eines Bezugs zum Arbeitsverhältnis eine Kündigung regelmäßig nicht rechtfertigen. Dies gilt allerdings dann nicht, wenn die Schwarzarbeit zugleich eine unerlaubte Konkurrenztätigkeit darstellt, und dies wird in den meisten Fällen wohl der Fall sein.

Beispiel: Ein angestellter Gärtner arbeitet in seiner Freizeit schwarz. Betreibt er in diesem Zusammenhang Gartengestaltung, so kann gekündigt werden. Verrichtet er jedoch lediglich Wartungsarbeiten im Haus nach Anweisung seines Auftraggebers, so liegt keine das Arbeitsverhältnis berührende Schwarzarbeit vor.

26. Arbeit für einen Dritten während der Arbeitsunfähigkeit

Während der Dauer der Arbeitsunfähigkeit hat der Arbeitnehmer alles zu unterlassen, was den Heilungsverlauf beeinträchtigen könnte.

Wichtiger Hinweis: Eine Nebentätigkeit während der Arbeitsunfähigkeit kann für den Arbeitnehmer erhebliche Nachteile im Falle einer Kündigung mit sich bringen. Normalerweise gehen die Arbeitsgerichte von der Richtigkeit ärztlicher Atteste aus. Zweifelt der Arbeitgeber die Richtigkeit des Attestes an, so muss er die Unrichtigkeit beweisen können. Bei einer Tätigkeit des Arbeitnehmers für einen Dritten während der Arbeitsunfähigkeit sehen die Arbeitsgerichte dies anders. Kündigt nämlich der Arbeitgeber aufgrund der Nebentätigkeit, hat der Arbeitnehmer zu beweisen, weshalb er krankheitsbedingt bei seinem Arbeitgeber gefehlt hat und dennoch eine weitere Tätigkeit aufnehmen konnte. Das ärztliche Attest hilft ihm hier nicht weiter.

Stellt die Arbeit für einen Dritten während der Arbeitsunfähigkeit keine Gefahr für den Heilungsverlauf dar, darf nicht gekündigt werden.

Beispiel: Ein wegen Depressionen arbeitsunfähiger Manager arbeitet während seiner Arbeitsunfähigkeit gegen Entgelt bei seinem Nachbarn im Garten. Nach Angaben des behandelnden Arztes ist die körperliche Arbeit im Freien seiner Gesundung förderlich. Der Arbeitgeber darf weder eine Abmahnung erteilen noch eine Kündigung aussprechen.

27. Verzögerung des Heilungsverlaufs bei Arbeitsunfähigkeit

Der Arbeitnehmer ist verpflichtet, sich so zu verhalten, dass er möglichst bald wieder gesund wird und hat alles zu unterlassen, was seine Genesung verzögern könnte. Verstößt er gegen diese Pflicht, kann er abgemahnt und bei Fortsetzung des gesundheitsschädigenden Verhaltens ordentlich gekündigt werden. Andererseits darf nicht gekündigt werden, wenn der Heilungsverlauf letztlich nicht verzögert wurde.

Beispiel: Ein Arbeitnehmer ist für eine Dauer von zehn Tagen arbeitsunfähig. Er deckt während dieser Zeit das Dach seines Hauses. Da er am 11. Tag wieder zur Arbeit erscheint, kann er nicht abgemahnt oder gekündigt werden. Wäre er am 11. Tag erneut arbeitsunfähig, so wäre eine Abmahnung bzw. Kündigung gerechtfertigt.

Eine außerordentliche Kündigung ist nur dann gerechtfertigt, wenn ein besonders schwerer Fall vorliegt, der Arbeitnehmer beispielsweise während der Arbeitsunfähigkeit Nachtschichten nachgeht und er ankündigt, er werde keinesfalls dieses Verhalten aufgeben.

28. Konkurrenz und Verstoß gegen ein Wettbewerbsverbot

Innerhalb des bestehenden Arbeitsverhältnisses ist jegliche Konkurrenz verboten. Ob eine ordentliche oder außerordentliche Kündigung ausgesprochen werden kann, hängt von der Schwere des Verstoßes ab, wobei durchaus wegen des elementaren Eingriffs in das Vertrauensverhältnis zwischen Arbeitgeber und Arbeitnehmer in der Regel eine außerordentliche Kündigung in Betracht kommt. Tritt allerdings nur der Ehegatte des Arbeitnehmers in Konkurrenz zu dem Arbeitgeber, kommt eine Kündigung nicht in Betracht.

Beispiel: Die Ehefrau eines Arbeitnehmers beteiligt sich an einem Konkurrenzunternehmen als Geschäftsführerin und Mitgesellschafterin. Dies allein rechtfertigt nicht den Verdacht, der Arbeitnehmer betreibe selbst ein Konkurrenzgeschäft oder unterstütze das andere Unternehmen.

Wird eine Existenzgründung nur vorbereitet, so ist dies zulässig.

Beispiel: Ein Arbeitnehmer lässt eine Internet-Domäne registrieren. Die Bezeichnung dieser Internet-Domäne lässt darauf schließen, dass sie für den Internet-Auftritt eines noch zu gründenden Konkurrenzunternehmens verwendet werden soll. Dieses Verhalten verstößt nicht gegen den Arbeitsvertrag und kann deshalb weder eine Abmahnung noch eine Kündigung rechtfertigen.

Selbst während eines laufenden Kündigungsschutzverfahrens ist das Wettbewerbsverbot vom Arbeitnehmer zu beachten. Der Arbeitnehmer darf also auch dann nicht gegen die Interessen seines Arbeitgebers handeln, wenn das Arbeitsverhältnis im Auflösen begriffen ist. Betreibt er dennoch Konkurrenz, darf der Arbeitgeber zu der bereits erklärten Kündigung eine weitere Kündigung wegen des Verstoßes gegen das Wettbewerbsverbot aussprechen.

29. Unerlaubte Nebentätigkeit

Unabhängig von den Regelungen im Arbeitsvertrag darf einem Arbeitnehmer eine **Nebentätigkeit** erst dann untersagt werden, wenn sie seine **Leistungsfähigkeit beeinträchtigt** oder gegen das **Arbeitszeitgesetz** verstößt.

Das Arbeitszeitgesetz schreibt vor, dass die Höchstarbeitszeit werktäglich acht Stunden täglich beträgt. Eine Verlängerung auf zehn Stunden täglich ist zulässig, wenn innerhalb von sechs Kalendermonaten oder innerhalb von 24 Wochen im Durchschnitt acht Stunden werktäglich nicht überschritten werden. Für leitende Angestellte gilt das Arbeitszeitgesetz übrigens nicht.

Beeinträchtigt jedoch die Nebentätigkeit die Leistungsfähigkeit des Arbeitnehmers oder verstößt sie gegen die Vorschriften des Arbeitszeitgesetzes, kann abgemahnt und sodann gekündigt werden. Eine außerordentliche Kündigung ist dann zulässig, wenn der Arbeitnehmer deutlich macht, er werde keinesfalls auf die Nebentätigkeit verzichten.

Beispiel: Ein Arbeitnehmer arbeitet 40 Wochenstunden bei einem Arbeitgeber. Nun nimmt er eine Nebentätigkeit auf und arbeitet dort zehn Stunden am Wochenende. Daraufhin macht ihm der Arbeitgeber in einem Personalgespräch deutlich, dass diese Nebentätigkeit wegen des Verstoßes gegen § 3 des Arbeitszeitgesetzes nicht zulässig ist. Der Arbeitnehmer entgegnet hierauf nur, dass er wegen des geringen Gehalts bei seinem Arbeitgeber keinesfalls seine Nebentätigkeit aufgeben wird. Der Arbeitgeber darf daraufhin außerordentlich kündigen.

30. Gehaltspfändung

Je mehr Gehaltspfändungen der Arbeitgeber zu bearbeiten hat und je geringer sich die tatsächliche Notlage des Arbeitnehmers darstellt, desto eher kann abgemahnt und sodann bei der nächsten Lohnpfändung ordentlich gekündigt werden. Nach einem Urteil des Bundesarbeitsgerichts ist sogar eine ordentliche Kündigung ohne Abmahnung zulässig, da das außerdienstliche Verhalten des Arbeitnehmers keiner Abmahnung zugänglich ist. Voraussetzung einer Kündigung ist allerdings, dass die Bearbeitung der Pfändungen zu wesentlichen **Störungen im Arbeitsablauf** des Betriebs führt. Diese Störungen liegen umso eher vor, je mehr Gehaltspfändungen der Arbeitgeber zu bearbeiten hat.

31. Politische Betätigung im Betrieb

Wenn die politische Betätigung den Betriebsfrieden oder den Betriebsablauf stört oder die Erfüllung der Arbeitspflicht beeinträchtigt wird, kann verhaltensbedingt gekündigt werden, je nach Schwere der Störung (nach vorheriger Abmahnung) ordentlich oder außerordentlich.

32. Abkehrwille

Allein der Wille des Arbeitnehmers, zu einem anderen Arbeitgeber oder gar zu einem Konkurrenzunternehmen zu wechseln, kann keine Kündigung begründen. Ebenso nicht der Wille des Arbeitnehmers, sich demnächst in der Branche des Arbeitgebers selbständig zu machen. Streitet jedoch der Arbeitnehmer den bereits erfolgten Abschluss eines Arbeitsvertrags mit einem Konkurrenzunternehmen wahrheitswidrig ab, so kann die außerordentliche Kündigung gerechtfertigt sein.

33. Arbeitskampf

Die Teilnahme des Arbeitnehmers an einem **rechtmäßigen** Streik oder einer rechtmäßigen Arbeitskampfmaßnahme rechtfertigt eine Kündigung nicht.

Vor allem vor einschneidenden Umstrukturierungen eines Unternehmens kommt es immer wieder zur Niederlegung von Arbeit. Damit soll eine angekündigte Betriebs- oder Produktionseinstellung verhindert werden. Eine Unterstützung der zuständigen Gewerkschaft gibt es hingegen nicht. Dieser rechtswidrige oder sog. „wilde" Streik muss vom legalen Streit unterschieden werden, der von der zuständigen Gewerkschaft geführt wird. Bei der Beteiligung an einer **rechtswidrigen** Arbeitskampfmaßnahme steht dem Arbeitgeber das Kündigungsrecht zu, wobei grundsätzlich eine vorherige Abmahnung erforderlich ist. Unzulässig dürfte jedoch die Kündigung einzelner Streikender sein, wenn andere Streikende nicht gekündigt werden. Allerdings ist die verhaltensbedingte Kündigung von „Rädelsführern" zulässig, auch wenn anderen Streikenden nicht gekündigt wird.

34. Manko

Als Manko wird im Arbeitsrecht ein Fehlbestand in der Kasse des Arbeitgebers bezeichnet. Ein Manko allein berechtigt noch nicht zur Kündigung. Entscheidend sind die Ursachen und das Ausmaß des Mankos. Vor einer Kündigung ist eine Abmahnung auszusprechen. Ohne Abmahnung kann fristlos gekündigt werden, wenn aus der Kasse ein Geldbetrag entnommen wird, selbst dann, wenn dies mit der Absicht geschieht, den Geldbetrag demnächst zurückzulegen.

Beispiel: Ein Arbeitnehmer hat an einem Arbeitstag seine Geldbörse vergessen. Um nun dennoch das Mittagessen bezahlen zu können, entnimmt er kurz vor der Mittagspause 5 Euro. Selbst wenn er diesen Betrag am nächsten Tag wieder in die Kasse legt, ist eine außerordentliche Kündigung zulässig.

35. Verstoß gegen die betriebliche Ordnung

In vielen Betrieben besteht eine betriebliche Ordnung, in der allgemeine Verhaltensregeln aufgestellt sind. Ein Verstoß gegen eine dieser Regeln kann nach einer Abmahnung zur Kündigung führen.

36. Verrat von Betriebs- oder Geschäftsgeheimnissen

Die schuldhafte Verletzung von Verschwiegenheitspflichten kann eine verhaltensbedingte Kündigung nach Abmahnung rechtfertigen. Liegt ein schwerer Verstoß gegen die Verschwiegenheitspflicht vor, so kann außerordentlich gekündigt werden. Betriebs- oder Geschäftsgeheimnisse sind nur einem begrenzten Personenkreis bekannt und nicht offenkundige Tatsachen, die nach dem Willen des Arbeitgebers in den Grenzen seines berechtigten wirtschaftlichen Interesses geheim gehalten werden sollen.

IV. Die Kündigung als Abmahnung

Eine ordentliche verhaltensbedingte Kündigung bedarf dann keiner vorherigen Abmahnung, wenn dem Arbeitnehmer wegen eines vergleichbaren Fehlverhaltens in der Vergangenheit eine Kündigung ausgesprochen wurde, diese Kündigung jedoch zurückgenommen wurde oder unwirksam war. Der zur unwirksamen Kündigung führende Sachverhalt kann als „abgemahnter" Sachverhalt bei einer erneuten Kündigung verwendet werden.

Beispiel: Der Arbeitgeber kündigt einem Arbeitnehmer wegen dessen Nutzung des Dienstwagens für Privatfahrten, obwohl dies durch den Arbeitsvertrag untersagt ist. Da es der Arbeitgeber unterlassen hat, den Arbeitnehmer zuvor abzumahnen, nimmt der Arbeitgeber noch im Kündigungsschutzprozess die Kündigung zurück. Bei der nächsten Privatfahrt darf eine Kündigung ausgesprochen werden, da der Arbeitnehmer durch die frühere Kündigung hinreichend gewarnt war. Eine zusätzliche Abmahnung ist nicht erforderlich.

F. Die personenbedingte Kündigung

Die personenbedingte Kündigung erfasst die persönlichen Eigenschaften und Verhältnisse des Arbeitnehmers, aus denen dem Arbeitnehmer jedoch kein Schuldvorwurf gemacht werden kann, dem Arbeitgeber aber ein Festhalten am Arbeitsvertrag nicht zugemutet werden kann. Da dem Arbeitnehmer bei der personenbedingten Kündigung ein Schuldvorwurf nicht gemacht werden kann, ist eine Abmahnung grundsätzlich nicht erforderlich. Auch bei nicht steuerbaren Gründen ist eine Abmahnung entbehrlich.

Allerdings ist bei den vom Arbeitnehmer wenigstens bedingt steuerbaren personenbedingten Gründen vor Ausspruch einer Kündigung der Arbeitnehmer abzumahnen. In vielen Fällen wird ohnehin ein zur Kündigung führender Sachverhalt zugleich auch unter dem Gesichtspunkt der verhaltensbedingten Kündigung zu würdigen sein. In diesen Fällen kann eine Kündigung sowohl aus verhaltens- als auch aus personenbedingten Gründen erfolgen.

Beispiel: Einem im Außendienst tätigen Arbeitnehmer wird die Fahrerlaubnis wegen einer dienstlichen Fahrt unter Alkoholeinfluss entzogen.

Bei der personenbedingten Kündigung kommt der Abwägung der Belange des Arbeitnehmers und der des Arbeitgebers besondere Bedeutung zu. Diese Belange wurden in einem früheren Kapitel bereits ausführlich beschrieben. Vor einer personenbedingten Kündigung muss sorgfältig geprüft werden, ob eine **Versetzung** oder **Umschulungs- bzw. Fortbildungsmaßnahmen** die Fortsetzung des Arbeitsverhältnisses ermöglichen können.

I. Einzelfälle personenbedingter Kündigung

Die Kündigung wegen Krankheit ist der wichtigste Anwendungsfall der personenbedingten Kündigung. Die übrigen Fälle personenbedingter Kündigung sind im Vergleich hierzu weit weniger relevant. Im Zusammenhang mit krankheitsbedingten Kündigungen hat die Rechtsprechung ein detailliertes System außerordentlich hoher Voraussetzungen entwickelt, die in vielen Fällen vom Arbeitgeber nicht erfüllt werden können.

1. Voraussetzungen jeder krankheitsbedingten Kündigung

Vor Ausspruch jeder krankheitsbedingten Kündigung hat sich der Arbeitgeber Klarheit über die Erkrankung des Arbeitnehmers zu verschaffen, insbesondere hinsichtlich der Frage, ob und in welchem Umfang mit weiterer Arbeitsunfähigkeit zu rechnen ist. Es muss eine fundierte **negative Prognose** erstellt werden können. Der Arbeitgeber ist dabei auf die Mithilfe des Arbeitnehmers angewiesen. Deshalb wird der Arbeitnehmer zu Grund und Dauer der Arbeitsunfähigkeit vom Arbeitgeber befragt. Meist wird wohl auch der Arbeitnehmer nicht genau den weiteren Verlauf seiner Erkrankung prognostizieren können. Deshalb versuchen Arbeitgeber mitunter, den Arbeitnehmer zu veranlassen, die behandelnden Ärzte von der Schweigepflicht zu entbinden hinsichtlich der Frage, ob und in welchem Umfang mit weiterer Arbeitsunfähigkeit zu rechnen ist. Hinsichtlich des Krankheitsbefundes braucht der Arbeitnehmer seine Ärzte nicht von der Schweigepflicht zu entbinden.

Weitere Voraussetzung einer krankheitsbedingten Kündigung ist die **erhebliche Beeinträchtigung betrieblicher Interessen**. Durch die Erkrankung bzw. Erkrankungen muss es zu erheblichen krankheitsbedingten Zusatzkosten oder zu erheblichen Störungen im Betriebsablauf kommen. Lässt sich die Verfügbarkeit des Arbeitnehmers nicht mehr einplanen und sind deshalb auch Überbrückungsmaßnahmen nicht möglich, liegt eine erhebliche Störung im Betriebsablauf vor. Ist in einem Unternehmen übrigens generell ein sehr hoher Krankenstand zu verzeichnen, sind die Anforderungen an die „erhebliche Störung im Betriebsablauf" höher anzusetzen als bei einem niedrigen Krankenstand.

Zu den krankheitsbedingten Zusatzkosten gehören die Entgeltfortzahlungskosten, soweit sie für mehr als sechs Wochen im Jahr für diesen Arbeitnehmer bezahlt werden. Auch Kosten für Überstundenzuschläge, Kosten für einzustellende Aushilfen und Produktionsausfallkosten sind krankheitsbedingte Zusatzkosten.

Der Arbeitgeber hat vor jeder krankheitsbedingten Kündigung zu prüfen, ob der Arbeitnehmer an einem anderen **freien und geeigneten leidensgerechten Arbeitsplatz** beschäftigt werden kann. In diesem Zusammenhang hat der Arbeitgeber zu überlegen, ob er im Rahmen seines Direktionsrechts einem anderen Mitarbeiter, der einen leidensgerechten Arbeitsplatz besetzt, die Aufgaben des erkrankten Mitarbeiters zuweisen kann und sodann der erkrankte Mitarbeiter diesen leidensgerechten Arbeitsplatz erhält. Handelt es sich bei diesem Arbeitsplatztausch um eine gem. § 99 BetrVG mitbestimmungspflichtige Versetzung und stimmt der Betriebsrat nicht zu, ist eine Versetzung nicht möglich. Ein Zustimmungsersetzungsverfahren braucht der Arbeitgeber nicht durchzuführen. Eine Schaffung eines leidensgerechten Arbeitsplatzes durch Umverteilung der Aufgaben ist dem Arbeitgeber ebenfalls nicht zuzumuten.

Vor einer krankheitsbedingten Kündigung muss der Arbeitgeber prüfen, ob **Überbrückungsmaßnahmen** wie beispielsweise die Anordnung von Überstunden, Einstellung von Ersatzkräften oder personelle oder organisatorische Umstellungen zur Abmilderung der krankheitsbedingten Folgen ergriffen werden können. Ebenso hat der Arbeitgeber eine **Interessenabwägung** zwischen seinen eigenen Belastungen und der Interessen des Arbeitnehmers vorzunehmen. Auf Seiten des Arbeitnehmers zählt insbesondere die Dauer der Betriebszugehörigkeit, das Alter und die Unterhaltsverpflichtungen, sowie die Tatsache, ob die Erkrankungen auf betriebliche Ursachen zurückzuführen sind sowie die Arbeitsmarktsituation. Der Arbeitgeber kann sich auf die oben genannten Belastungen wie Lohnfortzahlung usw. berufen.

Ob eine krankheitsbedingte Kündigung gerechtfertigt ist oder nicht, beurteilt sich nach den Verhältnissen zum Zeitpunkt des Zugangs der Kündigung. Zeigt sich während der Kündigungsfrist, dass zwar die negative Prognose des Arbeitgebers zum Zeitpunkt der Kündigung gerechtfertigt war, sich aber die Krankheit wider Erwarten später bessert, kann der Arbeitnehmer einen Weiterbeschäftigungsanspruch geltend machen.

2. Feststehende dauerhafte Krankheit

Steht unwiderruflich und beweisbar fest, dass ein Arbeitnehmer irreversibel derart erkrankt ist, dass er seine Arbeit nicht mehr ausführen kann, ist eine Kündigung zulässig, sofern sie die oben genannten allgemeinen Voraussetzungen erfüllt.

Beispiel: Der als Maurer tätige Arbeitnehmer erleidet einen Verkehrsunfall und ist daraufhin querschnittsgelähmt. Eine Kündigung wegen feststehender dauerhafter Krankheit ist möglich. Wäre der Arbeitnehmer jedoch in einer Telefonzentrale tätig gewesen, müsste geprüft werden, ob er weiter beschäftigt werden kann, ggf. auch nach Umbaumaßnahmen, wie beispielsweise der Schaffung eines rollstuhlgerechten Zugangs zum Arbeitsplatz.

Die Erkrankung des Arbeitnehmers muss – wie oben ausgeführt – zu einer erheblichen Beeinträchtigung der betrieblichen Interessen führen. Diese Beeinträchtigung darf für den Arbeitgeber billigerweise nicht mehr hinnehmbar sein. Für den Arbeitgeber hinnehmbar ist eine Erkrankung des Arbeitnehmers, wenn diese auf einem vom Arbeitnehmer nicht verschuldeten Arbeitsunfall beruht.

3. Ungewisse dauerhafte Krankheit

Wenn zum Zeitpunkt der Kündigung nicht in den nächsten **24 Monaten** mit einer Besserung der Krankheit zu rechnen ist, kann der Arbeitnehmer wegen feststehender dauernder Arbeitsunfähigkeit gekündigt werden. Dasselbe gilt für den Fall, wenn eine Rente wegen Erwerbsminderung für drei Jahre bewilligt wird.

4. Lang anhaltende Arbeitsunfähigkeit

Ist nicht absehbar, ob und wann die Arbeitsfähigkeit wiederhergestellt werden kann, kommt es für die Rechtmäßigkeit einer Kündigung darauf an, ob diese Ungewissheit zu unzumutbaren betrieblichen oder wirtschaftlichen Belastungen führt. Ab welcher Dauer der Arbeitsunfähigkeit eine Kündigung wegen lang anhaltender Arbeitsunfähigkeit möglich ist, kann nur im Einzelfall entschieden werden. Eine Erkrankung über die Dauer von **acht Monaten** ist jedenfalls nach der Rechtsprechung des Bundesarbeitsgerichts ausreichend.

Fragt der Arbeitgeber den Arbeitnehmer vor Ausspruch der Kündigung nach der voraussichtlichen Wiederherstellung seiner Arbeitsfähigkeit und teilt der Arbeitnehmer sodann mit, weder er noch die Ärzte könnten hierzu Angaben machen, so steht die negative Gesundheitsprognose grundsätzlich fest und der Arbeitgeber kann eine Kündigung aussprechen.

5. Häufige Kurzerkrankungen

Im Vergleich zur Kündigung wegen lang anhaltender Krankheit kommt die Kündigung wegen häufiger Kurzerkrankungen öfter vor und ist zwischen den Arbeitsvertragsparteien auch hinsichtlich ihrer Berechtigung umstrittener. Es sind eher die Kündigungen wegen häufiger Kurzerkrankungen, die zu einem Arbeitsgerichtsprozess führen, als die wegen langanhaltender Erkrankung.

Bei der Kündigung wegen häufiger Kurzerkrankungen hat der Arbeitgeber zunächst aufgrund der in der Vergangenheit aufgetretenen Kurzerkrankungen eine Prognose für die Zukunft zu erstellen. Je häufiger in der Vergangenheit Kurzerkrankungen vorlagen, desto näher liegt eine negative Prognose.

Wichtiger Hinweis: In diese Prognose dürfen jedoch die auf Betriebsunfälle beruhenden Erkrankungen oder einmalige Ereignisse nicht aufgenommen werden. Auch zwischenzeitlich ausgeheilte Krankheiten dürfen nicht in die Prognose mit einbezogen werden.

Bestehen über mehrere Jahre hinweg **15 bis 20 % Fehltage**, kann nach Ansicht der meisten Arbeitsgerichte von einer ausreichenden Indizwirkung der vergangenen Fehltage für die negative Prognose ausgegangen werden. Nach einer etwas älteren Entscheidung des Bundesarbeitsgerichts reicht ein Zeitraum von 15 Monaten aus, um eine Indizwirkung für die negative Prognose anzunehmen. Nehmen allerdings die Fehlzeiten – wenn auch nur in geringem Maße – Jahr für Jahr ab, kann eine negative Prognose nicht mehr erstellt werden.

Der Arbeitnehmer hat bei Vorliegen einer negativen Prognose im Kündigungsschutzprozess darzulegen, weshalb die Besorgnis weiterer Erkrankungen unberechtigt sein soll. Dazu kann er die Ärzte von der Schweigepflicht entbinden. Er kann die Prognose des Arbeitgebers auch dadurch erschüttern, dass er zu den jeweiligen Fehltagen vorträgt, es habe sich um unterschiedliche, jetzt aber ausgeheilte, Krankheiten gehandelt. Dem Arbeitgeber bleibt dann nichts anderes übrig, als auf die allgemeine erhöhte Krankheitsanfälligkeit des Arbeitnehmers zu verweisen – ein nur in absoluten Ausnahmefällen durchsetzbarer Kündigungsgrund.

Tipp: Falls Sie wegen Ihres Gesundheitszustandes mit einer Kündigung wegen häufiger Kurzerkrankungen rechnen müssen, sollten Sie genaue Aufzeichnungen über Ihre Krankheitstage und die zugrunde liegenden Erkrankungen führen. Diese Aufzeichnungen können im Falle eines Rechtsstreits mit Ihrem Arbeitgeber für Sie sehr wichtig werden.

Auch bei der Kündigung wegen häufiger Kurzerkrankungen muss es zu einer erheblichen Beeinträchtigung betrieblicher Interessen kommen. Hierzu gehören Betriebsablaufstörungen, wie beispielsweise die Gefährdung des Betriebsfriedens, Überlastung der vorhandenen Mitarbeiter oder Organisationsprobleme, die vor allem im Bereich des Schichtdienstes auftreten können. Diese Beeinträchtigungen müssen vom Arbeitgeber allerdings bewiesen werden, beispielsweise mit der Nennung der Namen der Arbeitnehmer, welche wegen der Erkrankung des Kollegen Mehrarbeit leisten müssen. Selbstverständlich beeinträchtigen auch Entgeltfortzahlungskosten im Krankheitsfall für eine Dauer von mehr als sechs Wochen, Kosten für die Überstundenzuschläge der für den erkrankten Mitarbeiter eingesetzten Arbeitnehmer, Produktionsausfallkosten usw. die betrieblichen Interessen.

Beispiel: „Wir kündigen hiermit das mit Ihnen bestehende Arbeitsverhältnis fristgemäß zum 31. Oktober 2008.

Sowohl in den vergangenen Jahren als auch in diesem Jahr hatten Sie infolge Ihrer häufigen Erkrankungen erhebliche Fehlzeiten aufzuweisen. Sie waren in diesem Jahr bereits an 60 Arbeitstagen arbeitsunfähig. Im Jahr 2007 waren Sie dreimal arbeitsunfähig und haben dadurch 69 Arbeitstage versäumt. Im Jahr 2006 haben Sie bei sieben Krankschreibungen an 57 Arbeitstagen gefehlt. Diese zahlreichen und nicht vorausberechenbaren Unterbrechungen und der damit verbundene Arbeitsausfall stellen uns immer wieder sowohl innerhalb des laufenden Betriebs als auch gegenüber unseren Kunden vor erhebliche Probleme. Ein Ausgleich durch die Einstellung von Aushilfskräften oder Mehrarbeit Ihrer Kollegen ist nicht möglich. Hinzu kommt, dass uns durch Ihre häufigen Erkrankungen Lohnfortzahlungskosten entstanden sind, welche für uns wirtschaftlich nicht zumutbar sind. Der Betriebsrat wurde zu dieser Kündigung angehört. Eine Abschrift seiner Stellungnahme fügen wir bei."

Sind in einem Betrieb allerdings die Krankenstände ohnehin hoch, liegt bei den Kurzerkrankungen eines einzelnen Arbeitnehmers nach der Rechtsprechung nur unter ganz besonderen Umständen eine Betriebsablaufstörung vor.

Vor einer Kündigung muss der Arbeitgeber prüfen, ob der häufig erkrankte Mitarbeiter auf einen anderen freien Arbeitsplatz umgesetzt werden kann, so dass keine Beeinträchtigung betrieblicher Interessen mehr zu erwarten ist.

6. Krankheitsbedingte Minderleistung

In vielen Fällen führt eine Krankheit nicht zur Arbeitsunfähigkeit, sondern zu einer Minderleistung.

Beispiel: Ein Arbeitnehmer leidet aufgrund eines Verkehrsunfalls unter ständigen Kopfschmerzen. Es ist ihm deshalb nicht möglich, sein früheres Arbeitstempo aufrechtzuerhalten.

Kann wegen einer Krankheit nur ein Teil der üblichen Normalarbeitsleistung – beispielsweise nur **$^2/_3$ der normalen Arbeitsleistung** – erbracht werden, ist der Ausspruch einer Kündigung möglich. Allerdings ist auch hier eine negative Prognose über den weiteren Verlauf der krankheitsbedingten Minderleistung zu erstellen. Ebenso muss eine erhebliche Beeinträchtigung der betrieblichen Interessen festzustellen sein. Zuletzt hat eine Abwägung der beiderseitigen Interessen den Vorrang der Kündigung zu ergeben.

Ein **altersbedingter Leistungsabfall** kann eine krankheitsbedingte Kündigung nur dann rechtfertigen, wenn der Leistungsabfall gegenüber vergleichbaren älteren Arbeitnehmer erheblich stärker ist.

7. Alkoholismus

Eine Kündigung wegen Alkoholabhängigkeit ist eine krankheitsbedingte Kündigung, für die folgende Besonderheiten gelten: Bei der Erstellung einer negativen Gesundheitsprognose darf der Arbeitgeber davon ausgehen, dass eine Heilung der Krankheit ohne fremde Hilfe nicht erfolgen kann. Weigert sich demzufolge der alkoholabhängige Arbeitnehmer, eine **Therapie** zu beginnen, steht die negative Gesundheitsprognose fest. Der Arbeitgeber hat allerdings die Pflicht, den Arbeitnehmer zu veranlassen, eine Therapie durchzuführen. Er muss den Arbeitnehmer beispielsweise in Personalgesprächen versuchen zu überzeugen, dass nur eine Therapie zur Besserung der Krankheit führen kann. Eine taugliche Entziehungskur setzt eine **Dauer von mindestens einem halben Jahr** voraus. Erleidet der Arbeitnehmer nach der Kur einen Rückfall, kann gekündigt werden. Kürzere Therapieversuche reichen für eine krankheitsbedingte Kündigung nicht aus.

Beispiel: Ein alkoholkranker Arbeitnehmer meint, eine „Turbo-Therapie" von einem Vierteljahr könne ihn von seiner Krankheit heilen. Er führt nun diese Therapie durch. Nach einiger Zeit erfolgt ein Rückfall, und der Arbeitgeber kündigt sodann wegen Alkoholabhängigkeit. Diese Kündigung ist nicht rechtmäßig, da eine taugliche Therapie nicht durchgeführt wurde.

Ist ein Arbeitnehmer nicht alkoholabhängig, sondern konsumiert lediglich Alkohol, kommt eine personenbedingte Kündigung nicht in Betracht. Es ist eine verhaltensbedingte Kündigung gegebenenfalls nach Erteilung einer Abmahnung auszusprechen.

8. Außerordentliche krankheitsbedingte Kündigung

Die außerordentliche krankheitsbedingte Kündigung kommt in erster Linie bei vertraglich oder tariflich unkündbaren Arbeitnehmern in Betracht. Soll beispielsweise ein Mitglied des Betriebsrats krankheitsbedingt gekündigt werden, ist außerordentlich zu kündigen, allerdings unter Einhaltung einer der ordentlichen Kündigung entsprechenden sozialen Auslauffrist.

9. Generell fehlende Eignung und Leistungsfähigkeit

Die fehlende Eignung und Leistungsfähigkeit des Arbeitnehmers – **„Arbeitnehmer will, kann aber nicht“** – ist von verschuldeten Leistungsmängeln - „Arbeitnehmer kann, will aber nicht“ - zu unterscheiden. Im ersten Fall ist eine personenbedingte Kündigung auszusprechen, im zweiten Fall eine verhaltensbedingte Kündigung. Regelmäßig dürfte es nicht eindeutig sein, ob fehlende Leistungsfähigkeit oder verschuldensbedingte Leistungsmängel beim Arbeitnehmer vorliegen. Selbst wenn davon ausgegangen werden kann, dass der Arbeitnehmer an seiner fehlenden Eignung und Leistungsfähigkeit nichts ändern kann, ist nach der Rechtsprechung vor der Kündigung eine Abmahnung auszusprechen. Für neu eingestellte Arbeitnehmer gilt, dass diesen ausreichend Zeit und Gelegenheit zu geben ist, sich die erforderlichen Kenntnisse anzueignen, bevor gekündigt wird.

10. Fehlende Arbeits- oder Berufserlaubnis

Ausländer dürfen grundsätzlich nur mit Genehmigung der Agentur für Arbeit eine Beschäftigung ausüben. Diese Genehmigung ist **vor** Aufnahme der Beschäftigung einzuholen. Fehlt eine Arbeitserlaubnis oder wurde diese rechtskräftig versagt, ist eine personenbedingte Kündigung auszusprechen, da ein Beschäftigungsverbot besteht.

Wichtiger Hinweis: Ist eine ursprünglich erteilte Arbeitserlaubnis erloschen und eine neue bereits beantragt, ist eine personenbedingte Kündigung nicht generell zulässig. Es kommt für die Rechtmäßigkeit einer Kündigung darauf an, ob für den Arbeitgeber zum Zeitpunkt der Kündigung mit der Erteilung der Erlaubnis in absehbarer Zeit zu rechnen ist und ob der Arbeitsplatz ohne erhebliche Beeinträchtigungen offen gehalten werden kann.

Beispiel: Ein ausländischer Arbeitnehmer hat eine weitere Arbeitserlaubnis nicht beantragt, da er der – unzutreffenden – Auffassung ist, seine Heirat mit einer deutschen Staatsangehörigen würde zur Folge haben, dass er eine Arbeitserlaubnis nicht mehr benötige. Nach Erlöschen der Arbeitserlaubnis kündigt der Arbeitgeber. Diese Kündigung ist nicht zulässig, wenn der Arbeitnehmer unverzüglich eine weitere Arbeitserlaubnis beantragt und der Arbeitsplatz ohne erhebliche Beeinträchtigungen bis zur Erteilung der Arbeitserlaubnis offen gehalten werden kann.

11. Fehlende Aufenthaltserlaubnis

Fehlt zum Zeitpunkt der Kündigung die Aufenthaltserlaubnis des Arbeitnehmers, kann gekündigt werden. Kann allerdings die zuverlässige Prognose erstellt werden, die Aufenthaltserlaubnis des Arbeitnehmers werde verlängert, ist eine Kündigung nicht möglich.

12. Fehlende Fahrerlaubnis

Jedenfalls bei einem Berufskraftfahrer kann der Verlust der Fahrerlaubnis eine personenbedingte Kündigung rechtfertigen. Allerdings muss der Arbeitgeber vor einer Kündigung prüfen, ob eine – wenn auch nur befristete – Versetzung auf einen anderen Arbeitsplatz oder eine sonstige Überbrückungsmaßnahme möglich ist.

Wichtiger Hinweis: Dem Kraftfahrer ist nicht gestattet, einen Dritten mit den Fahrtätigkeiten für die Dauer des Entzugs der Fahrerlaubnis zu beauftragen. Der Arbeitnehmer ist verpflichtet, die Arbeitsleistung in eigener Person zu erbringen.

13. Strafhaft

Die Haft als solche kann keine Kündigung begründen. Es ist der Haftprüfungstermin abzuwarten, damit festgestellt werden kann, für welche Dauer der Arbeitnehmer nicht arbeiten kann. Ist die Dauer nur kurz, ist eine Kündigung nicht gerechtfertigt. Der Arbeitgeber hat zu prüfen, ob Überbrückungsmaßnahmen für die Dauer der Haft ergriffen werden können. Zudem hat er an der Erlangung des Freigängerstatus mitzuwirken.

Das Bundesarbeitsgericht hat bei einer Reststrafe von über fünf Monaten eine außerordentliche Kündigung zugelassen. Ist allerdings die Kündigungsfrist länger als die Dauer der Strafhaft, kommt eine Kündigung allein wegen der Dauer der Haft nicht in Betracht.

Beispiel: Ein Arbeitnehmer hat eine Haftstrafe von sechs Monaten zu verbüßen. Da er bereits seit 20 Jahren dem Betrieb angehört, hat der Arbeitgeber eine Kündigungsfrist von sieben Monaten einzuhalten. Dies hat zur Folge, dass er den Arbeitnehmer nicht kündigen darf.

Kann jedoch der Grund für die Strafhaft für das Arbeitsverhältnis von Bedeutung werden – beispielsweise Betrug eines Lohnbuchhalters –, darf ohne weiteres gekündigt werden, dann jedoch nicht wegen der Strafhaft, sondern wegen der Tat selbst.

14. Wehrdienst

Für Deutsche und Arbeitnehmer der EU-Mitgliedstaaten gilt ein Kündigungsverbot ab Zustellung des Einberufungsbescheids, § 2 ArbPlSchG. Nicht-EU-Arbeitnehmer dürfen im Falle der Einberufung zum Wehrdienst personenbedingt gekündigt werden, wenn die Dauer des Wehrdienstes zu erheblichen Beeinträchtigungen betrieblicher Interessen führt und nicht durch die Einstellung von Aushilfskräften o. ä. überbrückt werden kann. Eine Dauer des Wehrdienstes von 12 Monaten berechtigt den Arbeitgeber zur Kündigung, ein Wehrdienst von zwei Monaten hingegen nicht.

15. Scheidung

Ist der Arbeitgeber mit einem Arbeitnehmer verheiratet, so ist dies auch bei intakter Ehe eine nicht immer einfache Konstellation. Spätestens im Falle einer Scheidung treten mit Sicherheit Probleme auf. Diese können durchaus dazu führen, dass der Arbeitgeber sich nicht nur privat, sondern auch beruflich von seinem früheren Ehepartner trennen möchte. Eine personenbedingte Kündigung ist aber nur dann zulässig, wenn durch die Zerrüttung der Ehe das Arbeitsverhältnis derart beeinträchtigt wird, dass es dem Arbeitgeber nicht mehr zumutbar ist, das Arbeitsverhältnis fortzuführen. Dies ist der Fall, wenn der Betriebsfrieden gestört wird oder die Arbeitsleistung beeinträchtigt ist.

16. Tragen einer religiösen Tracht

Ob das Tragen einer religiösen Tracht eine Kündigung rechtfertigt, beurteilt sich danach, ob der Inhalt der Arbeitspflicht berührt wird. Beispielsweise darf eine Verkäuferin im Einzelhandel ein religiös motiviertes Kopftuch tragen, weil dadurch weder das Verkaufsgespräch mit dem Kunden beeinträchtigt wird, noch der Verkaufsvorgang selbst behindert wird. Anders liegt der Fall bei einer vollständigen Verschleierung des Gesichts.

17. Ehrenamt bzw. ehrenamtliche Funktion in Vereinen

Die Annahme und Ausübung eines öffentlichen Mandats kann eine personenbedingte Kündigung nicht rechtfertigen, selbst wenn dies im Falle von Sitzungen (beispielsweise Gemeinderat oder Landtag) mit einem Fernbleiben von der Arbeit verbunden ist. Der Arbeitnehmer hat das Recht auf unbezahlte Freistellung für die erforderliche Zeit.

Ehrenamtliche Funktionen in Vereinen können dann eine Kündigung rechtfertigen, wenn das Arbeitsverhältnis nachteilig beeinflusst wird, beispielsweise durch häufiges Fernbleiben von der Arbeit.

18. Alter

Allein wegen des Alters eines Arbeitnehmers darf nicht gekündigt werden. Das gilt selbst dann, wenn der Arbeitnehmer eine Rente wegen Alters in Anspruch nehmen könnte. In den meisten Arbeitsverträgen ist jedoch eine Vertragsklausel enthalten, wonach das Arbeitsverhältnis endet, wenn der Arbeitnehmer eine Rente wegen voller Erwerbsminderung oder eine Altersrente beanspruchen kann.

19. Sicherheitsbedenken

Verwandtschaftliche oder freundschaftliche Beziehungen eines Arbeitnehmers, insbesondere in leitender Position zu Mitarbeitern eines Konkurrenzunternehmens, lassen mitunter Sicherheitsbedenken auf Arbeitgeberseite aufkommen. Allerdings reichen allein Beziehungen der erwähnten Art nicht für eine Kündigung aus. Es müssen konkrete Anhaltspunkte für eine Gefährdung der Sicherheit bestehen.

G. Die betriebsbedingte Kündigung

Im Gegensatz zur verhaltensbedingten oder personenbedingten Kündigung liegt bei der betriebsbedingten Kündigung die Ursache beim Arbeitgeber. Dieser kann künftig einen Arbeitsplatz nicht mehr zur Verfügung stellen und kündigt deshalb einem Arbeitnehmer, wobei der zu kündigende Arbeitnehmer nicht derjenige sein muss, dessen Arbeitsplatz entfallen ist.

Betriebsbedingte Kündigungen werden nicht nur in konjunkturell schwachen Zeiten ausgesprochen. Bedeutung erlangen betriebsbedingte Kündigungen auch beim Outsourcing oder bei einer Verschlankung des Betriebs. Trotz Gewinnerzielung darf der Unternehmer aufgrund seiner unternehmerischen Handlungsfreiheit den Betrieb unter Wegfall von Arbeitsplätzen umstrukturieren. Er hat die Entscheidungsfreiheit, ein bereits gutes Betriebsergebnis auch durch arbeitgeberseitige Kündigungen zu verbessern. Allerdings sind hierbei die Vorschriften des Kündigungsschutzgesetzes, welche wiederum die unternehmerische Handlungsfreiheit doch erheblich einschränken, zu beachten.

Der Arbeitnehmer wird bei der Ausübung der unternehmerischen Handlungsfreiheit seines Arbeitgebers durch das Kündigungsschutzgesetz geschützt. Dieses schreibt dem Arbeitgeber vor, den zu kündigenden Arbeitnehmer durch eine Sozialauswahl zu ermitteln. Hiernach ist derjenige Arbeitnehmer zu kündigen, den die Kündigung unter sozialen Gesichtspunkten am wenigsten trifft. Zu ermitteln ist dieser Arbeitnehmer insbesondere nach folgenden Kriterien:

- Dauer der Betriebszugehörigkeit
- Lebensalter
- Unterhaltspflichten
- Schwerbehinderung

Ein junger Arbeitnehmer hat deshalb eher mit einer betriebsbedingten Kündigung zu rechnen als ein älterer Arbeitnehmer. Der bereits viele Jahre im Betrieb tätige Arbeitnehmer wird nicht gekündigt, wenn ein vergleichbarer Mitarbeiter weniger lange im Betrieb tätig ist.

Eine Kündigung ist nach § 1 Abs. 2 KSchG nur dann zulässig, wenn dringende betriebliche Erfordernisse einer Weiterbeschäftigung des Arbeitnehmers im Betrieb entgegenstehen. Das dringende betriebliche Erfordernis der Kündigung kann sich aus innerbetrieblichen oder außerbetrieblichen Umständen ergeben.

I. Innerbetriebliche Umstände, insbesondere unternehmerische Entscheidungen

Eine betriebsbedingte Kündigung kann mit innerbetrieblichen Umständen begründet werden. Damit ist vor allem die Unternehmerentscheidung – beispielsweise die Entscheidung des Arbeitgebers zur Durchführung von Rationalisierungsmaßnahmen oder der Einschränkung der Produktion – gemeint. Die unternehmerische Entscheidung kann auf den unterschiedlichsten Ursachen beruhen, so zum Beispiel mangelnde Rentabilität oder Gewinnverfall. Zur Begründung der Kündigung wird aber meist nicht diese mangelnde Rentabilität oder der Gewinnverfall herangezogen, sondern die unternehmerische Organisationsentscheidung, beispielsweise mit Rationalisierungsmaßnahmen auf die mangelnde Rentabilität oder den Gewinnverfall zu reagieren. D. h. erst die unternehmerische Entscheidung lässt den Arbeitsplatz entfallen und führt zur Kündigung und nicht schon die mangelnde Rentabilität oder der Gewinnverfall.

Folgende unternehmerische Entscheidungen führen in der Praxis zum Wegfall eines oder mehrerer Arbeitsplätze:

- Veränderung des Umfangs der Produktion
- Veränderung des Orts der Produktion
- Einschränkung oder Ausweitung der Produktpalette
- neue Einkaufs-, Absatz-, Werbe- oder Finanzierungspolitik
- Änderung der Arbeits- bzw. Fabrikationsmethoden (Wechsel von manueller zu automatischer Fertigung, Einführung EDV-gestützter Fertigungstechnik)
- Anschaffung von Maschinen

- Betriebsstilllegungen, Schließung von Abteilungen
- Streichung von Hierarchieebenen
- Einführung oder Beendigung von Schichtarbeit
- Änderung der Anzahl der Arbeitskräfte, mit denen die Arbeitsmenge erledigt wird
- Outsourcing, wie beispielsweise Auflösung des betriebsinternen Reinigungsdienstes und Übertragung dieser Aufgaben auf ein Reinigungsunternehmen
- Übernahme von Aufgaben des Arbeitnehmers durch den Arbeitgeber selbst oder durch Leiharbeiter.

Die Rechtsprechung verlangt vom Arbeitgeber **hohen Begründungsaufwand** im Falle einer gerichtlichen Überprüfung der betriebsbedingten Kündigung. Der Arbeitgeber hat im Kündigungsschutzprozess Folgendes detailliert darzulegen und zu beweisen:

- **welche unternehmerische Entscheidung** er getroffen hat,
- dass diese unternehmerische Entscheidung auch **konsequent umgesetzt** wurde. Dabei muss die Umsetzung der unternehmerischen Entscheidung greifbare Formen angenommen haben. Die geplanten organisatorischen Veränderungen müssen bereits wenigstens teilweise umgesetzt worden sein. Es reicht nicht aus, dass der Arbeitgeber zum Zeitpunkt des Ausspruchs der Kündigung noch in Verhandlungen mit einem Käufer eines Betriebsteils steht. In diesem Fall darf der Arbeitgeber die Kündigung nicht auf den Verkauf des Betriebsteils stützen, sondern nur darauf, dass die Kündigung im Rahmen von Rationalisierungsmaßnahmen erfolgt. Diese Rationalisierungsmaßnahmen werden durchgeführt, um die Verkaufschancen des Betriebsteils zu verbessern, wobei die Alternative des Verkaufs des Betriebsteils in der Stilllegung des Betriebsteils liegt. Im Kündigungsschutzprozess muss der Arbeitgeber detailliert darlegen, in welcher Weise er seine unternehmerische Entscheidung im betriebsorganisatorischen Bereich bereits umgesetzt hat und weshalb für die Beschäftigung eines Arbeitnehmers kein Bedarf mehr vorhanden ist.

Beispiel: Ein Arbeitgeber entscheidet sich, ein neues Vertriebssystem einzuführen und künftig nur noch mit freien Mitarbeitern und Handelsvertretern zusammenzuarbeiten. Er kündigt daher allen Angestellten im Vertrieb und bietet diesen einen neuen Vertrag als Handelsvertreter an. Dies ist zulässig. Allerdings hat der frühere Arbeitgeber das arbeitsrechtliche Direktionsrecht vollständig aufzugeben. Erteilt er dennoch Weisungen, besteht die Gefahr, dass die neuen Vertragsverhältnisse der im Vertrieb Tätigen im Rahmen der Scheinselbständigkeit als Arbeitsverhältnisse eingestuft werden.

- in welchem Umfang sich die Umsetzung der unternehmerischen **Entscheidung auf die Beschäftigungsmöglichkeiten ausgewirkt** hat oder spätestens zum Kündigungstermin auswirken wird. Der Arbeitgeber muss genau darlegen, in welchem Umfang die Arbeiten des zu kündigenden Arbeitnehmers weiterhin anfallen und wie diese von wem künftig erledigt werden sollen.
- dass nur solche Arbeitnehmer in die betriebliche Sozialauswahl einbezogen worden sind, deren Arbeitsplatz auch tatsächlich an die **weggefallenen Beschäftigungsmöglichkeiten** gebunden war.

Der Arbeitgeber muss also einen hohen Begründungsaufwand treiben, wenn er eine betriebsbedingte Kündigung aussprechen möchte. Es besteht dabei die große Gefahr, dass sich die Begründung widerspricht oder nicht vollständig ist.

Tipp: Sollten Sie eine betriebsbedingte Kündigung erhalten, so geben Sie sich nicht mit oberflächlichen Begründungen zufrieden. Wird die Kündigung Ihnen gegenüber nicht ausführlich begründet und erhalten Sie auch keine Möglichkeit, die Sozialauswahl nachzuprüfen, so sollten Sie auf jeden Fall fristgerecht Kündigungsschutzklage erheben. Es ist der Regelfall, dass der Arbeitgeber dem Arbeitnehmer eher eine Abfindung bezahlt, als einen Kündigungsschutzprozess führt.

Für die Wirksamkeit der unternehmerischen Entscheidung ist es nicht von Bedeutung, dass die Unternehmerentscheidung vom unzuständigen Organ getroffen worden ist. Es kommt darauf an, ob überhaupt eine unternehmerische Entscheidung getroffen wurde und ob sie umgesetzt wird. Allerdings deuten offensichtlich unwirksame – weil vom unzuständigen Organ getroffenen – Entscheidungen an, dass die unternehmerische Entscheidung nicht ernsthaft getroffen wurde, sondern nur Vorwand für die auszusprechende betriebsbedingte Kündigung sein soll.

Ob die Entscheidung des Unternehmers im Einzelfall **wirtschaftlich sinnvoll** ist, ist für die Rechtmäßigkeit der Kündigung nicht von Bedeutung. Lediglich eine offenbar willkürliche unternehmerische Entscheidung führt zur Unwirksamkeit der Kündigung. Die Grenze zur „willkürlichen Entscheidung“ ist anhand der Umstände des Einzelfalls festzustellen. Jedenfalls ist sie dann überschritten, wenn die Umgehung des Kündigungsschutzes die wesentliche Folge einer unternehmerischen Entscheidung ist.

Beispiel: Durch eine unternehmerische Entscheidung wird ein Betrieb in mehrere aufgesplittet. In den einzelnen Betrieben arbeiten nun jeweils fünf Arbeitnehmer, weshalb für diese Arbeitnehmer kein Kündigungsschutz besteht. Die wesentliche Folge der Aufteilung liegt in der Umgehung des Kündigungsschutzes. Die unternehmerische Entscheidung ist willkürlich, wenn die Aufteilung des Betriebs nicht mit beispielsweise einer Organisationsentscheidung begründet werden kann. Die Kündigung eines Arbeitnehmers wäre unwirksam.

Die unternehmerische Entscheidung des Arbeitgebers und der Kündigungsentschluss müssen voneinander getrennt werden können. Besteht der Eindruck, die Betriebsänderung sei durch den Wunsch des Arbeitgebers bedingt, sich von einem bestimmten Arbeitnehmer zu trennen, ist die Kündigung nicht wirksam.

Manche unternehmerische Entscheidungen sind gängiger als andere. Nachfolgend werden die in der Praxis häufigsten unternehmerischen Entscheidungen dargestellt.

1. Betriebsstilllegung

Wird ein Betrieb oder ein Teilbetrieb – beispielsweise die hauseigene Druckerei – stillgelegt, können betriebsbedingte Kündigungen ausgesprochen werden. Es reicht sogar aus, wenn die Betriebsstilllegung noch nicht vollständig durchgeführt worden ist. Allerdings muss die Betriebsstilllegung bereits greifbare Formen angenommen haben, und eine vernünftige und betriebswirtschaftliche Betrachtung muss die Prognose zulassen, dass bis zum Auslaufen der einzuhaltenden Kündigungsfrist die Stilllegung vollständig durchgeführt sein wird und der Arbeitsplatz somit wegfällt.

Die Stilllegung des Betriebs muss **endgültig** sein. Es darf sich nicht nur um eine Betriebspause oder eine Betriebsunterbrechung handeln. Die Abgrenzung erfolgt nach der Art des Betriebs, dem Grund der Schließung und der Länge der Kündigungsfrist.

Sollte sich der Arbeitgeber nach Erklärung der Kündigung dazu entschließen, den Betrieb nicht stillzulegen, weil sich die zum Stilllegungsbeschluss führenden Verhältnisse wider Erwarten anders entwickelt haben, bleibt die Kündigung rechtmäßig. Allerdings kann der Arbeitnehmer in diesem Fall einen **Anspruch auf Wiedereinstellung** geltend machen.

2. Outsourcing

Es steht einem Arbeitgeber jederzeit frei, Aufgaben, die bisher im Unternehmen erledigt wurden, durch Vertrag an fremde Unternehmen abzugeben. Dieses Outsourcing kann eine betriebsbedingte Kündigung rechtfertigen, wenn durch die Fremdvergabe der Arbeitsplatz wegfällt. Allerdings wird mit dem Outsourcing mitunter die Grenze zum **Betriebsübergang** überschritten. Diese Unterscheidung zwischen Outsourcing und Betriebsübergang ist für den Arbeitnehmer von ganz erheblicher Bedeutung. Der Betriebsübergang kann nämlich eine betriebsbedingte Kündigung nicht rechtfertigen. Eine Kündigung wäre in diesem Fall gem. § 613 a BGB nicht wirksam.

Ein Betriebsübergang liegt unter folgenden drei Voraussetzungen vor:

- Es werden Aufgaben einem neuen Unternehmen zugewiesen
- der Übernehmer der Aufgabe bekommt materielle oder immaterielle Betriebsmittel vom Vorgänger übertragen
- der Übernehmer der Aufgabe übernimmt auch einen wesentlichen Teil des eingesetzten Personals.

Tipp: Oft ist das Outsourcing nach seinem äußeren Erscheinungsbild kaum vom Betriebsübergang zu unterscheiden. Wenn Sie den Eindruck haben, dass die oben genannten Voraussetzungen eines Betriebsübergangs vorliegen, sollten Sie die Erhebung einer Kündigungsschutzklage erwägen.

3. Verlagerung von Arbeitsplätzen

Allein mit der Begründung, dass eine Abteilung des Betriebs geschlossen wird und die bisher dort erledigten Arbeiten einer anderen Abteilung oder einem anderen Betrieb des Unternehmens zugeordnet werden, kann eine Kündigung nicht gerechtfertigt werden. Da der bisherige Arbeitsbedarf nämlich weiterhin besteht, entfallen keine Arbeitsplätze. Es findet lediglich eine Umverteilung der Arbeit statt.

4. Stellenstreichung durch Arbeitsverdichtung

Eine betriebsbedingte Kündigung ist gerechtfertigt, wenn von **mehreren gleichartigen Arbeitsplätzen** einer gestrichen und die Arbeit auf die übrigen Arbeitsplätze verteilt wird. Selbst wenn die Arbeit nach der Stellenstreichung von den verbliebenen Arbeitnehmern nicht mehr so sorgfältig oder nur mit Verzug erledigt werden kann, ist die Kündigung rechtmäßig.

Beispiel: Von fünf Schreibkräften wird eine entlassen. Die Arbeit wird auf die übrigen Schreibkräfte verteilt unter Inkaufnahme von zeitweise liegenbleibender Arbeit.

Allerdings hat der Arbeitgeber bei der Entscheidung zur Leistungsverdichtung den Inhalt der Arbeitsverträge mit den Arbeitnehmern zu beachten. Er hat vor seiner Entscheidung zunächst zu ermitteln, wie viel Arbeit er nach dem Inhalt der Arbeitsverträge den Arbeitnehmern aufbürden darf.

5. Aufgabenübertragung auf den Arbeitgeber

Der Arbeitgeber darf Aufgaben, die bisher von einem oder mehreren Arbeitnehmern erledigt wurden, künftig selbst erledigen. Damit entfällt der Arbeitsplatz des Arbeitnehmers, der bisher diese Aufgaben erledigt hat.

6. Witterungsbedingte Arbeitseinstellung

Eine längerfristige witterungsbedingte Arbeitseinstellung kann Grundlage einer betriebsbedingten Kündigung sein.

II. Außerbetriebliche Umstände

Wird die Kündigung mit einem außerbetrieblichen Umstand begründet, muss vom Arbeitgeber der unmittelbare Zusammenhang zwischen diesem außerbetrieblichen Grund und der fehlenden Beschäftigungsmöglichkeit für einen bzw. mehrere Arbeitnehmer vorgetragen und bewiesen werden.

Beispiel: Der Personalbestand eines Bauunternehmens wird um einen Polier, einen Vorarbeiter und einen Baufacharbeiter reduziert. Begründet wird diese Maßnahme mit generell sinkender Nachfrage und unvermindertem Preisverfall, weshalb künftig der Leistungsumfang niedriger anzusetzen sei als im vergangenen Jahr. Dieser Zusammenhang reicht für die Begründung einer betriebsbedingten Kündigung nicht aus. Der Arbeitgeber muss verdeutlichen, dass das Beschäftigungsbedürfnis konkret entfallen ist. Das heißt, die Zahlen der sinkenden Nachfrage und des unverminderten Preisverfalls sind mit dem Personal in das Verhältnis zu setzen. Dabei sind möglicherweise anfallende Restarbeiten zu berücksichtigen. Zudem muss dargelegt werden, dass die sinkende Nachfrage und der Preisverfall tatsächlich von Dauer sind.

Der Arbeitgeber darf nicht in pauschaler Form Unternehmenszahlen vorlegen mit dem Hinweis, wenn nicht Kündigungen ausgesprochen werden, werde das Unternehmen nicht mehr lange existieren, und dann werden alle Arbeitsplätze wegfallen. Diese Argumentation reicht zur Begründung der Kündigung nicht aus. Aus der Begründung der Kündigung muss die Reaktion des Arbeitgebers auf einen außerbetrieblichen Umstand deutlich hervorgehen.

Beispiele:

- Aus einem bestimmten Auftragsrückgang zusammen mit dem Auslaufen einer bestimmten Zahl von Baustellen ergibt sich, dass für drei von zehn Maurern kein Beschäftigungsbedürfnis mehr besteht. Unerheblich ist es, ob auf der Baustelle, auf der die gekündigten Maurer zuletzt beschäftigt wurden, noch Arbeit vorhanden ist. Welchem der Maurer gekündigt wird, ist eine Frage der Sozialauswahl.
- Ein Absatzrückgang allein kann eine Kündigung nicht begründen. Erst eine durch den Absatzrückgang begründete Produktionsdrosselung kann zum Wegfall von Beschäftigungsmöglichkeiten wegen eines rechnerischen Überhangs von Arbeitskräften führen.

- Ein Umsatzrückgang kann eine betriebsbedingte Kündigung nicht rechtfertigen. Erst die Anpassung der Betriebsstruktur an den verminderten Umsatz durch konkrete betriebliche Maßnahmen kann eine Kündigung rechtfertigen.

Stützt in einem Kündigungsschutzprozess der Arbeitgeber seine betriebsbedingte Kündigung auf außerbetriebliche Umstände, so muss er sämtliche Voraussetzungen hierfür darlegen und beweisen. Folgendes Beispiel verdeutlicht dies:

Beispiel: Der Arbeitgeber – ein Architekt – begründet eine Kündigung mit dem Wegfall von Beschäftigungsmöglichkeiten wegen Auftragsrückgang. Allerdings nimmt er weiterhin an Ausschreibungen teil, über die erst in einigen Monaten von den Auftraggebern entschieden werden wird. Die Kündigung ist unwirksam, da die Lage zum Zeitpunkt des Ausspruchs der Kündigung offen und ein Wegfall der Beschäftigungsmöglichkeit nicht ausreichend sicher zu prognostizieren war.

Wegen der hohen Anforderungen an die Begründung einer Kündigung wird der Arbeitgeber häufig geneigt sein, dem Arbeitnehmer eher eine Abfindung zu bezahlen, als es auf die Durchführung eines Kündigungsschutzprozesses ankommen zu lassen.

III. Innerbetriebliche oder außerbetriebliche Begründung

Für Sie ist es wichtig zu wissen, ob die Kündigung auf einen innerbetrieblichen oder auf einen außerbetrieblichen Umstand gestützt wird. Wird die Kündigung nämlich auf außerbetriebliche Gründe gestützt, so steigen Ihre Chancen, einen Kündigungsschutzprozess zu gewinnen. In den meisten Fällen kann nämlich nicht ohne weiteres vom außerbetrieblichen Umstand auf den Wegfall des Arbeitsplatzes geschlossen werden. Dies wird von vielen Arbeitgebern nicht beachtet. Im Gegensatz hierzu stützen rechtlich gut beratene Arbeitgeber die Kündigung ausschließlich auf eine unternehmerische Entscheidung, also auf einen innerbetrieblichen Umstand. Folgendes Beispiel verdeutlicht, weshalb Arbeitgeber die betriebsbedingte Kündigung eher auf innerbetriebliche als auf außerbetriebliche Gründe stützen.

Beispiel: Aufgrund einer signifikanten Zunahme von Aufträgen wird ein Halbtagesarbeitsplatz in einen Ganztagesarbeitsplatz umgestaltet. Da es dem Arbeitgeber nachweislich nicht gelingt, einen weiteren geeigneten Halbtagesmitarbeiter zu finden, wird dem vorhandenen Halbtagesmitarbeiter betriebsbedingt gekündigt (und zunächst die Vollzeitstelle angeboten). Wird die Kündigung mit der Zunahme der Aufträge – also außerbetrieblich – begründet, hat der Arbeitgeber darzulegen und zu beweisen, dass die Zunahme der Aufträge exakt eine weitere Halbtagesstelle erfordert und nicht nur beispielsweise weitere fünf Arbeitsstunden pro Woche mehr. Zudem hat er darzulegen und zu beweisen, dass auf Dauer mehr Aufträge eingehen. Dies wird ihm nur schwer gelingen. Der Arbeitgeber wird deshalb die Kündigung mit einer Organisationsentscheidung des Arbeitgebers – also innerbetrieblich – begründen, wonach künftig dieser Arbeitsplatz als Ganztagesarbeitsplatz besetzt sein soll, damit beispielsweise eine jederzeitige Ansprechbarkeit für Kunden besteht. Der Arbeitgeber braucht bei dieser innerbetrieblichen Begründung nicht darzulegen, in welchem Umfang die Zunahme der Aufträge eine Zunahme der Arbeitsmenge nach sich zieht und wie die längerfristige Prognose bezüglich der Zunahme der Aufträge sich darstellt.

Eine Kündigung allein aufgrund eines **Rückgangs der Aufträge oder des Umsatzes** kann regelmäßig nur in solchen Fällen wirksam ausgesprochen werden, in denen sich der Umfang der Tätigkeit der Arbeitnehmer bzw. der Arbeitsanfall unmittelbar nach dem Auftrags- oder Umsatzvolumen richtet. Der Arbeitgeber muss aber genau darlegen, wie aus dem bestimmten Auftrags- oder Umsatzrückgang auf eine bestimmte Reduzierung des Personals geschlossen werden kann.

Beispiel: Eine Lackiererei verliert dauerhaft ihren größten Kunden, mit dem sie , des Umsatzes erwirtschaftet hat. Das Unternehmen kann $^1/_4$ der Lackierer nur dann ohne weiteres entlassen, wenn alle Aufträge sämtlicher Kunden gleichartig sind. Sind zeitaufwändigere und arbeitsintensivere Aufträge und weniger zeitaufwändigere gemischt, muss geprüft werden, ob exakt $^1/_4$ der Arbeitsmenge entfallen ist. In letzterem Fall ist also eine aufwändige Begründung der Kündigung erforderlich.

Ein auf **sinkenden Preisen** beruhender Umsatzrückgang kann keine betriebsbedingte Kündigung rechtfertigen, ein auf zurückgehendem Auftragseingang beruhender Umsatzrückgang hingegen schon.

IV. „Dringendes“ betriebliches Erfordernis

Das einer Weiterbeschäftigung entgegenstehende betriebliche Erfordernis muss „dringend“ sein. Hierunter ist zu verstehen, dass die Kündigung wegen der betrieblichen Lage **unvermeidbar** ist. Sie ist dann unvermeidbar, wenn der Arbeitgeber nicht anders als durch die Kündigung eines Arbeitnehmers auf die betriebliche Lage reagieren kann. Der Arbeitgeber muss also vor jeder betriebsbedingten Kündigung prüfen, ob es Maßnahmen auf organisatorischem, wirtschaftlichem oder technischem Gebiet gibt, die eine Kündigung vermeiden können.

Beispiel: Ein Unternehmen sieht sich zur Einsparung von Kosten gezwungen. In diesem Zusammenhang sollen auch die Personalkosten reduziert werden. Kündigungen können allerdings nur dann ausgesprochen werden, wenn neben der Reduzierung von Personal auch andere Einsparpotenziale realisiert werden.

Tipp: Falls Sie von einer betriebsbedingten Kündigung betroffen sind, sollten Sie sich anderweitige Einsatzmöglichkeiten im Betrieb suchen. Sie sollten sich auch überlegen, wie der Arbeitgeber durch andere Maßnahmen die Kündigung vermeiden könnte, denn diese muss der Arbeitgeber vor der Kündigung eines Arbeitnehmers ergreifen.

1. Vorrang der Änderungskündigung

Vor dem Ausspruch einer betriebsbedingten Beendigungskündigung muss der Arbeitgeber prüfen, ob das mildere Mittel der Änderungskündigung zum Zuge kommen kann.

Beispiel: Liegt der Grund für die Beendigungskündigung in den zu hohen Personalkosten, ist vor einer Beendigungskündigung eine Änderungskündigung zur Reduzierung der Höhe des Gehalts auszusprechen.

2. Umsetzung auf einen anderen gleichwertigen und freien Arbeitsplatz

Eine betriebsbedingte Kündigung ist nicht rechtmäßig, wenn der Arbeitnehmer – ggf. nach angemessenen **Umschulungs- oder Fort-**

bildungsmaßnahmen – auf einem anderen freien Arbeitsplatz im Unternehmen beschäftigt werden kann. Ist ein gleichwertiger freier Arbeitsplatz vorhanden, muss er dem Arbeitnehmer vor Ausspruch der Kündigung angeboten werden. Lehnt der Arbeitnehmer die Austauschbeschäftigung ab, kann er sich im Kündigungsschutzprozess nicht mehr darauf berufen. Ihm hätte dieser Arbeitsplatz angeboten werden müssen. Daher achten Arbeitgeber darauf, dass im Falle eines Kündigungsschutzprozesses nachgewiesen werden kann, dass und wann dem Arbeitnehmer dieser Arbeitsplatz angeboten wurde. Der Arbeitnehmer sollte sich deshalb genau überlegen, ob er das Angebot eines anderen Arbeitsplatzes ausschlägt.

Tipp: Sollten Sie zwar den angebotenen Arbeitsplatz nicht annehmen wollen, möchten aber keinesfalls das Arbeitsverhältnis beenden, bleibt Ihnen die Möglichkeit, den Arbeitsplatz unter Vorbehalt anzunehmen. Sie dürfen dann wieder Ihren früheren Arbeitsplatz beanspruchen, wenn ein Arbeitsgericht feststellt, dass die Kündigung nicht rechtmäßig war. Stellt hingegen das Arbeitsgericht fest, dass die Kündigung rechtmäßig war, so haben Sie immerhin einen Arbeitsplatz, selbst wenn dies nicht der von Ihnen gewünschte ist.

Dem Arbeitnehmer dürfen nur **gleichwertige** Arbeitsplätze angeboten werden. Die Gleichwertigkeit der Arbeitsplätze beurteilt sich nach dem Inhalt des Arbeitsvertrags des Arbeitnehmers.

Frei sind nur solche Arbeitsplätze, die im Zeitpunkt des Zugangs der Kündigung nicht anderweitig besetzt sind. Als frei anzusehen ist aber auch ein Arbeitsplatz, bei dem der Arbeitgeber mit hinreichender Sicherheit vorhersehen kann, dass dieser **Arbeitsplatz bis zum Ablauf der Kündigungsfrist frei** sein wird. Ein Arbeitsplatz ist sogar auch dann frei, wenn im Zeitpunkt der Kündigung feststeht, dass in absehbarer Zeit nach Ablauf der Kündigungsfrist der Arbeitsplatz frei werden wird und die Überbrückung dieses Zeitraums dem Arbeitgeber zumutbar ist. Zumutbar ist eine Überbrückung dieses Zeitraums jedenfalls so lange, wie ein neu einzustellender Arbeitnehmer für seine Einarbeitung benötigen würde. Auch Arbeitsplätze, die mit Leiharbeitnehmern besetzt sind, sind frei. Allerdings gilt dies nicht für solche Arbeitsplätze, die nur deshalb mit Leiharbeitnehmern besetzt sind, weil der Arbeitgeber eine unternehmerische

Entscheidung dahingehend getroffen hat, diese bestimmten Arbeitsplätze ausschließlich mit Leiharbeitnehmern besetzen zu wollen.

Auf einen freien Arbeitsplatz darf sich der Arbeitnehmer auch dann berufen, wenn der Arbeitgeber einen zunächst freien Arbeitsplatz mit einem anderen Arbeitnehmer besetzt und sodann die Kündigung wegen fehlender Beschäftigungsmöglichkeiten ausspricht. Ist dem Arbeitgeber zum Zeitpunkt der Stellenbesetzung bekannt, dass ein für diesen freien Arbeitsplatz geeigneter Arbeitnehmer betriebsbedingt gekündigt wird, darf er diesen Arbeitsplatz nicht mit einem Dritten besetzen. Er muss ihn zunächst dem zu kündigenden Arbeitnehmer anbieten.

Bietet der Arbeitgeber dem Arbeitnehmer einen freien Arbeitsplatz an, so muss er ihn darauf hinweisen, dass bei Nichtannahme des freien Arbeitsplatzes die Kündigung ausgesprochen wird. Nach der Rechtsprechung ist dem Arbeitnehmer sodann eine Überlegungsfrist von einer Woche einzuräumen.

Da der Arbeitnehmer im Kündigungsschutzprozess die Beweislast für das Vorhandensein eines freien Arbeitsplatzes trägt, braucht der Arbeitgeber bei seiner Kündigungsbegründung zur Möglichkeit der Weiterbeschäftigung zunächst nicht ausführlich Stellung nehmen. Es reicht der allgemeine Verweis auf die Tatsache, dass ein freier Arbeitsplatz im Unternehmen nicht vorhanden ist. Deshalb ist dem Arbeitnehmer zu raten, sich im Betrieb umzuhören, ob ein freier oder demnächst freier Arbeitsplatz vorhanden ist.

3. Umsetzung auf einen anderen freien, aber höherwertigen oder unterwertigen Arbeitsplatz

Steht ein freier Arbeitsplatz **hierarchisch über dem weggefallenen Arbeitsplatz**, braucht dieser Arbeitsplatz dem Arbeitnehmer nicht angeboten werden. Die betriebsbedingte Kündigung darf nicht zu ungewollten Beförderungen führen.

Sollte es keinen freien gleichwertigen Arbeitsplatz geben, muss der Arbeitgeber prüfen, ob dem Arbeitnehmer ein **freier unterwertiger Arbeitsplatz** im Unternehmen angeboten werden kann. Es ist aber nicht jeder freie unterwertige Arbeitsplatz anzubieten, sondern nur ein solcher Arbeitsplatz, bei dem anzunehmen ist, dass der Arbeitnehmer diesen Arbeitsplatz wenigstens unter Vorbehalt annehmen wird. Der Arbeitgeber braucht deshalb nur die Arbeitsplätze nicht anzubieten, die eine erheblich niedrigere Qualifikation erfordern und erheblich niedriger vergütet werden.

Beispiel: Der Arbeitgeber braucht einem Prokuristen einen freien Arbeitsplatz im Lager des Unternehmens nicht anzubieten. Dieser Arbeitsplatz ist nicht zumutbar.

Nimmt der Arbeitnehmer das Angebot ohne weiteres an, darf der Arbeitgeber eine betriebsbedingte Kündigung nicht aussprechen. Der Arbeitnehmer setzt das Arbeitsverhältnis unter den angebotenen minderwertigeren Bedingungen fort. Nimmt der Arbeitnehmer das Angebot allerdings unter dem Vorbehalt der sozialen Rechtfertigung an, muss der Arbeitgeber eine Änderungskündigung aussprechen, die sodann vor dem Arbeitsgericht mit der Änderungsschutzklage überprüft werden kann. Lehnt der Arbeitnehmer das Angebot des Arbeitgebers allerdings endgültig und vorbehaltlos ab, kann der Arbeitgeber die betriebsbedingte Beendigungskündigung aussprechen.

4. Alternativmaßnahmen wie Überstundenabbau und Einführung von Kurzarbeit

Werden in einem Betrieb Überstunden geleistet und soll ein Arbeitnehmer betriebsbedingt gekündigt werden, hat der Arbeitgeber die Arbeitsmenge auf die vorhandenen Arbeitnehmer zu verteilen, also Überstunden abzubauen. Allerdings stehen die Überstunden der Kündigung nicht zwingend entgegen. Es kommt darauf an, ob in dem Bereich des betroffenen Arbeitnehmers Überstunden anfallen oder ob die Überstunden einen anderen Bereich betreffen.

Beispiel: Ein in der Personalverwaltung tätiger Arbeitnehmer soll betriebsbedingt gekündigt werden. Im Betrieb werden im Bereich der Produktion Überstunden geleistet. Die Kündigung ist zumindest nicht wegen Unverhältnismäßigkeit rechtswidrig.

Die Einführung von Kurzarbeit kann im Einzelfall durchaus eine Alternativmaßnahme zur Kündigung sein. Sie setzt voraus, dass der

Arbeitsmangel nur vorübergehender Natur ist. Gerade der vorübergehende Arbeitsmangel darf aber kein Grund für eine betriebsbedingte Kündigung sein.

V. Sozialauswahl

Da die Ursache der betriebsbedingten Kündigung nicht in der Sphäre des Arbeitnehmers, sondern in der des Arbeitgebers liegt, darf der Arbeitgeber nicht denjenigen kündigen, der zufälligerweise den Arbeitsplatz besetzt, welcher künftig wegfallen soll. Der Arbeitgeber muss den konkret zu kündigenden Arbeitnehmer aus einem Kreis „vergleichbarer Arbeitnehmer" auswählen. Dabei hat er ein bestimmtes Auswahlverfahren einzuhalten. Unter vergleichbaren Arbeitnehmern eines Betriebs wird derjenige ermittelt, den die Kündigung am wenigsten hart trifft. Sind mehrere Arbeitnehmer gleich sozial schutzbedürftig, kann der Arbeitgeber einen der Arbeitnehmer für die Kündigung auswählen.

1. Ermittlung des Kreises der vergleichbaren Arbeitnehmer

Der Kreis der vergleichbaren Arbeitnehmer bestimmt sich nach deren **Austauschbarkeit**. Die Arbeitnehmer müssen den jeweils anderen Arbeitsplatz ohne weiteres einnehmen können. Die Austauschbarkeit richtet sich nach personenbezogenen und arbeitsplatzbezogenen Merkmalen.

2. Personenbezogene Merkmale

Arbeitnehmer, die noch nicht länger als sechs Monate dem Betrieb angehören, also für die das Kündigungsschutzgesetz nicht gilt, sind nicht in die Sozialauswahl einzubeziehen. Sie sind vorrangig zu kündigen.

Arbeitnehmer, bei denen die ordentliche Kündigung ausgeschlossen ist, wie beispielsweise Betriebsräte, Schwerbehinderte oder sich im Mutterschutz oder Elternzeit befindliche Mitarbeiter, sind nur dann in die Sozialauswahl einzubeziehen, wenn die zuständige Behörde ihre Zustimmung erteilt hat. Befristet eingestellte Mitarbeiter sind in die Sozialauswahl nur dann einzubeziehen, wenn bei Vertragsabschluss die Möglichkeit der ordentlichen Kündigung ausdrücklich vereinbart ist.

3. Betriebs- und arbeitsplatzbezogene Merkmale

Die Sozialauswahl erstreckt sich nur auf den Betrieb und nicht auf das gesamte Unternehmen. Vergleichbare Arbeitnehmer sind also nicht auf Unternehmens- sondern auf **Betriebsebene** zu ermitteln.

Beispiel: Besteht ein Unternehmen aus zwei Betrieben und sollen Arbeitnehmer nur eines der beiden Betriebe gekündigt werden, so ist die Sozialauswahl auf diesen einen Betrieb zu beschränken.

Arbeitnehmer sind nur dann miteinander vergleichbar, wenn sie gegenseitig austauschbar sind. Diese Austauschbarkeit ist arbeitsplatzbezogen festzustellen. Die einzelnen Arbeitnehmer müssen rechtlich und tatsächlich die Funktion des vergleichbaren Mitarbeiters wahrnehmen können. Die Vergleichbarkeit wird anhand der **Stellenbeschreibung** und der **Höhe des Gehalts** ermittelt, sowie der Ausgestaltung des **Direktionsrechts**. Untereinander vergleichbar sind nur Arbeitnehmer, die der Arbeitgeber mittels seines Direktionsrechts gegeneinander austauschen kann.

Beispiel: Eine Arbeitnehmerin wird eingestellt als „Sekretärin im Empfang". Eine Versetzungsklausel enthält der Arbeitsvertrag nicht. Entfällt dieser Arbeitsplatz im Empfang, ist keine Sozialauswahl unter Einbeziehung der vom Tätigkeitsfeld her vergleichbaren Arbeitnehmer anderer Arbeitsbereiche – beispielsweise Abteilungssekretärinnen – vorzunehmen. Auf diese Arbeitsplätze dürfte die Sekretärin im Empfang nicht versetzt werden.

Arbeitnehmer unterschiedlicher hierarchischer Ebenen sind daher nicht miteinander vergleichbar.

Vergleichbarkeit, also gegenseitige Austauschbarkeit, besteht nicht nur dann, wenn der Arbeitnehmer ohne weiteres auf einem anderen Arbeitsplatz eingesetzt werden kann. Dem Arbeitnehmer ist eine **Einarbeitungszeit** zuzubilligen, deren Dauer sich nach den Umständen des Einzelfalls richtet. Als üblich kann durchaus eine Einarbeitungszeit von mehreren Wochen bis zur Dauer einer im Betrieb üblichen Probezeit reichen. Eine Umschulung allerdings braucht vom Arbeitgeber nicht in Betracht gezogen zu werden.

Vollzeit- und teilzeitbeschäftigte Mitarbeiter sind nur dann vergleichbar, wenn der Arbeitgeber nicht eine Organisationsentscheidung dahingehend getroffen hat, bestimmte Arbeitsplätze nur mit Vollzeitmitarbeitern und andere Arbeitsplätze nur mit Teilzeitbeschäftigten zu besetzen. Hat er eine solche Organisationsentscheidung nicht getroffen, kann es durchaus der Fall sein, dass ein teilzeitbeschäftigter, sozial schutzwürdiger Arbeitnehmer seinen Arbeitsplatz behält und ein vollzeitbeschäftigter Arbeitnehmer zu kündigen ist, bzw. er eine Änderungskündigung zur Reduzierung der Arbeitszeit erhält.

4. Soziale Auswahlkriterien im Einzelnen

Die Sozialauswahl erfolgt durch eine Gegenüberstellung der Sozialindikatoren der einzelnen vergleichbaren Mitarbeiter. Am bedeutsamsten sind folgende Grunddaten, die im Übrigen grundsätzlich gleichbedeutend nebeneinander stehen:

- Dauer der Betriebszugehörigkeit
- Lebensalter
- Unterhaltspflichten
- Schwerbehinderung oder Gleichstellung.

Daneben sind Besonderheiten zur Vermeidung unbilliger Härten zu berücksichtigen:

- Bestehen einer Berufskrankheit oder eines Arbeitsunfalls
- Gesundheitszustand
- Vermögenslage des Arbeitnehmers
- Arbeitsmarktchancen des Arbeitnehmers
- Doppelverdienerehen
- Erkrankung oder Pflegebedürftigkeit eines nahen Familienangehörigen
- Vollendung des 65. Lebensjahres.

Wichtiger Hinweis: Der Arbeitnehmer muss im Kündigungsschutzprozess darlegen und beweisen, dass die Sozialauswahl fehlerhaft war. Sind dem Arbeitnehmer die für die getroffene soziale Auswahl notwendigen

Fakten nicht bekannt, so kann er im Prozess pauschal behaupten, die Sozialauswahl war nicht rechtmäßig. Daraufhin bekommt er einen **Auskunftsanspruch** gegenüber dem Arbeitgeber über die Durchführung der Sozialauswahl. In diesem Zusammenhang hat der Arbeitgeber dem Arbeitnehmer die Personaldaten der in die Sozialauswahl aufgenommenen Mitarbeiter preiszugeben. Erst dann hat der Arbeitnehmer vorrangig zu kündigende Arbeitnehmer namentlich und mit Begründung zu nennen.

5. Dauer der Betriebszugehörigkeit

Zur Dauer der Betriebszugehörigkeit zählen die Beschäftigungszeiten im Unternehmen, also beim gleichen Arbeitgeber, selbst wenn sie in unterschiedlichen Betrieben des Arbeitgebers abgeleistet wurden. Wurde der Betrieb im Laufe des Arbeitsverhältnisses veräußert, so zählt die Beschäftigungsdauer beim früheren Arbeitgeber mit. Die Zeiten gem. § 10 Abs. 2 MuSchG und die Elternzeit zählen wie auch die Zeiten des Wehr- und Zivildienstes ebenfalls mit.

6. Lebensalter

Das Lebensalter lässt sich ohne weiteres ermitteln.

7. Unterhaltspflichten

Maßgeblich ist allein das Bestehen gesetzlicher Unterhaltspflichten gegenüber Kindern, Eltern, Großeltern usw. Ob der Arbeitnehmer diesen Unterhaltspflichten nachkommt oder ob diese Pflichten vom Ehegatten oder Dritten wahrgenommen werden, ist unerheblich. Allerdings kann der Doppelverdienst eines Ehepaares oder die tatsächliche Unterhaltslast im Rahmen der Sozialauswahl gesondert berücksichtigt werden.

8. Schwerbehinderung

Es muss eine Schwerbehinderung oder eine Gleichstellung mit Schwerbehinderten im Sinne des Sozialgesetzbuchs IX vorliegen. Um die Schwerbehinderung in die Sozialauswahl mit einzubeziehen, muss die Schwerbehinderung offenkundig oder gegenüber dem Arbeitgeber nachgewiesen sein. Ist dies nicht der Fall, kann sich der schwerbehinderte Arbeitnehmer im Kündigungsschutzprozess nicht auf die fehlende Berücksichtigung seiner Schwerbehinderung bei der Sozialauswahl berufen.

9. Gewichtung der Sozialkriterien

Wie die oben beschriebenen Sozialdaten zueinander ins Verhältnis zu setzen sind, ergibt sich weder aus dem Gesetz noch aus der Rechtsprechung. Das Bundesarbeitsgericht hat lediglich betont, dass jedem der Kriterien grundsätzlich gleiches Gewicht zukommen muss. Allerdings hat die arbeitsgerichtliche Praxis allgemein akzeptierte Punktetabellen entwickelt, anhand derer eine Sozialauswahl vorgenommen werden kann. Nachfolgend wird ein Beispiel einer gängigen Punktetabelle angeführt.

Beispiel: Diese Tabelle vergibt für die Betriebszugehörigkeit pro Jahr 3 Punkte, für das Lebensalter pro Jahr 1 Punkt und für die Unterhaltspflichten jeweils 10 Punkte. In diesem Beispiel wäre Frau B sozial am schutzwürdigsten. Entlassen werden müsste Herr C, da dieser mit 28 Sozialpunkten am wenigsten schutzwürdig ist.

	Betriebszugehörigkeit	**Alter**	**Unterhaltspflichten gegenüber Kindern, Ehegatten usw.**	**Sozialpunkte**
Herr A	3 Jahre also 9 Punkte	39 also 39 Punkte	1 Kind also 10 Punkte	58 Punkte
Frau B	10 Jahre also 30 Punkte	51 also 51 Punkte	verheiratet und 1 Kind also 20 Punkte	101 Punkte
Herr C	1 Jahr also 3 Punkte	25 also 25 Punkte	ledig und keine Kinder also 0 Punkte	28 Punkte

Bei der Erstellung der Punktetabelle steht dem Arbeitgeber ein Beurteilungsspielraum zu. Die Umstände des Einzelfalls sind maßgebend, wobei allerdings auf eine ausgewogene Auswahl zu achten ist. Jeder soziale Gesichtspunkt muss ausreichend berücksichtigt werden. Daneben können aber auch Sozialpunkte für besondere Umstände vergeben werden. Beispielsweise können für ein Lebensalter über 55 Jahre weitere Sozialpunkte vergeben werden. Mitunter nehmen Arbeitgeber bei rentennahen Mitarbeitern ein Abzug von Sozialpunkten vor. Dieser Abzug wird in der Praxis manchmal vorgenommen, weil dieser Mitarbeiter die kurze Zeit bis zum Renteneintritt mit Arbeitslosengeld überbrücken kann. Dies ist aber **nicht zulässig**. Einem älteren Mitarbeiter dürfen zwar mehr Sozialpunkte gegeben werden als jüngeren Mitarbeitern, keineswegs aber weniger Sozialpunkte.

10. Leistungsträgerklausel

Das Kündigungsschutzgesetz erkennt, dass die Weiterbeschäftigung mancher Arbeitnehmer für den Arbeitgeber derart bedeutend ist, dass eine Kündigung dieser Arbeitnehmer nicht in Betracht kommen kann, selbst wenn eine Sozialauswahl zum Ergebnis hat, dass gerade dieser leistungsstarke Arbeitnehmer gekündigt werden muss. Diese Sachverhalte werden durch die Leistungsträgerklausel des § 1 Abs. 3 Satz 2 KSchG geregelt.

Leistungsträger sind Arbeitnehmer, deren Weiterbeschäftigung insbesondere wegen ihrer **Kenntnisse, Fähigkeiten und Leistungen** oder zur **Sicherung einer ausgewogenen Personalstruktur** des Betriebs im berechtigten betrieblichen Interesse liegt. Unter bestimmten Umständen können diese Leistungsträger aus der Sozialauswahl herausgenommen werden. Allerdings gibt es keine allgemeine Regel, wann ein Arbeitnehmer Leistungsträger ist und wann nicht.

Die „**Leistungsträgereigenschaft**“ eines Arbeitnehmers ergibt sich nicht allein aus den Kenntnissen, Fähigkeiten und Leistungen usw. dieses Arbeitnehmers, sondern aus der Abwägung dieser Kenntnisse, Fähigkeiten und Leistungen gegenüber dem sozial schwächeren Arbeitnehmer, der an sich wegen seiner sozialen Schwäche im Betrieb verbleiben dürfte. Je schwerer das soziale Interesse dieses Arbeitnehmers wiegt, umso gewichtiger müssen die Gründe für die Ausklammerung des Leistungsträgers aus der Sozialauswahl sein.

Ein berechtigtes betriebliches Interesse, das ein Abweichen von den Ergebnissen einer Sozialauswahl rechtfertigt, liegt nach dem Gesetz in der Sicherung einer ausgewogenen Personalstruktur.

Würde die Sozialauswahl dazu führen, dass Entlassungen zur Überalterung der Belegschaft führen, können **Altersgruppen** innerhalb des zur Sozialauswahl stehenden Personenkreises gebildet werden. Aus diesen Gruppen werden sodann anteilmäßig gleich viele Arbeitnehmer entlassen. Ebenso dürfen zur Aufrechterhaltung der bisherigen Leistungsstruktur Gruppen von Arbeitnehmern mit überdurchschnittlichen, durchschnittlichen und unterdurchschnittlichen Leistungen gebildet werden und Kündigungen anteilsmäßig erfolgen.

> **Tipp:** Da die Leistungsträgerklausel eine Abwägung erfordert und es deshalb immer auf den Einzelfall ankommt, lohnt es sich für einen Arbeitnehmer, die Anwendung der Leistungsklausel arbeitsgerichtlich überprüfen zu lassen. Wegen der hohen Unsicherheit im Zusammenhang mit dieser relativ neuen Vorschrift dürfte mancher Arbeitgeber eher eine Abfindung zahlen, als einen Kündigungsschutzprozess mit ungewissem Ausgang durchzuführen.

11. Sozialauswahl mittels Betriebsvereinbarung

Der Arbeitgeber und der Betriebsrat können im Wege der Betriebsvereinbarung Auswahlrichtlinien für betriebsbedingte Entlassungen festlegen.

Beispiel: Für den Fall einer betriebsbedingten Kündigung richtet sich die Auswahl unter mehreren vergleichbaren Arbeitnehmern nach folgenden Auswahlrichtlinien:

Arbeitnehmerbezogene Aspekte	
• Lebensalter	
– über 30 Jahre	1 Punkt
– über 35 Jahre	2 Punkte
– über 40 Jahre	4 Punkte
– über 45 Jahre	7 Punkte
– über 50 Jahre	11 Punkte
– über 55 Jahre	16 Punkte
– über 58 Jahre	20 Punkte
• Betriebszugehörigkeit pro vollem Beschäftigungsjahr	2 Punkte

• Unterhaltsverpflichtung pro unterhaltsberechtigter Person	5 Punkte
• Schwerbehinderung	10 Punkte
• Sonstige soziale Gesichtspunkte	bis zu 10 Punkte
• Doppelverdiener bei Teilzeitarbeit des Ehegatten	Abzug von bis zu 5 Punkten
• Doppelverdiener bei Vollzeitarbeit des Ehegatten	Abzug von bis zu 10 Punkten

Betriebsbezogene Aspekte

• Weiterbeschäftigung des Arbeitnehmers ist aus dringenden betrieblichen Gründen unbedingt erforderlich	bis zu 25 Punkte
• An Weiterbeschäftigung des Arbeitnehmers besteht wegen hervorragender Führung und Leistung ein besonderes betriebliches Interesse	bis zu 10 Punkte
• Arbeitnehmer ist unabsehbar lange krank oder so häufig krank, dass mit weiteren Erkrankungen zu rechnen ist	Abzug von bis zu 25 Punkten

12. Fehlerhafte Sozialauswahl

Kündigt der Arbeitgeber gleichzeitig mehreren Arbeitnehmern betriebsbedingt, einem einzigen in die Sozialauswahl einzubeziehenden, sozial weniger schutzwürdigen Arbeitnehmer hingegen nicht, kann dieser Auswahlfehler von **jedem** der entlassenen Arbeitnehmer geltend gemacht werden. Die Kündigung eines jeden dieser Arbeitnehmer ist unwirksam. Der Arbeitgeber kann diesen Fehler nur beseitigen, indem er den sozial weniger schutzwürdigen Arbeitnehmer kündigt und das Arbeitsverhältnis mit dem sozial schutzwürdigsten der bereits gekündigten Arbeitnehmer fortsetzt.

VI. Wiedereinstellungsanspruch

Stellt sich im Laufe des Kündigungsschutzprozesses heraus, dass die Umstände, die zur Kündigung führten – beispielsweise ein dauerhafter Auftragsrückgang –, wider Erwarten nicht eintreten, hat der

Arbeitnehmer einen Anspruch auf Wiedereinstellung. Dies gilt jedoch nur dann, wenn der Arbeitgeber noch keine anderweitigen Dispositionen getroffen hat und ihm die unveränderte Fortsetzung des Arbeitsverhältnisses zumutbar ist. Zudem muss diese Beschäftigungsmöglichkeit noch im Laufe der Kündigungsfrist entstanden sein. Nach Ablauf der Kündigungsfrist entstehende Beschäftigungsmöglichkeiten bleiben außer Betracht. Ein mit dem Arbeitnehmer abgeschlossener Aufhebungs- oder Abwicklungsvertrag steht dem Wiedereinstellungsanspruch nicht grundsätzlich entgegen. Im Falle einer Wiedereinstellung ist vom Arbeitnehmer eine eventuelle Abfindung zurückzuzahlen.

Kein Wiedereinstellungsanspruch besteht, wenn sich erst **nach Ablauf der Kündigungsfrist** die Verhältnisse ändern. Beispielsweise besteht in Fällen, in denen der Arbeitgeber erst nach Ablauf der Kündigungsfrist die Unternehmerentscheidung, die zur Entlassung des Arbeitnehmers geführt hat, aufhebt oder ändert, kein Wiedereinstellungsanspruch des Arbeitnehmers. Dasselbe gilt für den Fall, dass ein Betriebserwerber den Betrieb im Rahmen eines Insolvenzverfahrens vom Insolvenzverwalter übernimmt. Es besteht kein Anspruch des noch vom Insolvenzverwalter gekündigten Arbeitnehmers auf Wiedereinstellung, wenn der Betrieb erst nach Ablauf der Kündigungsfrist übernommen wird. Auch infolge einer Besserung des Gesundheitszustandes nach Ausspruch einer rechtmäßigen krankheitsbedingten Kündigung kann der Arbeitnehmer keinen Wiedereinstellungsanspruch geltend machen.

H. Beteiligung des Betriebsrats

In der gerichtlichen Praxis ist ein erheblicher Teil der Kündigungsschutzklagen schon wegen einer fehlerhaften Anhörung des Betriebsrats erfolgreich. Fehler im Anhörungsverfahren lassen sich nämlich vergleichsweise leicht und eindeutig feststellen, weshalb gerade Arbeitsrichter das betriebsverfassungsrechtliche Anhörungsverfahren gerne vorrangig prüfen. Es lohnt sich deshalb, die Einhaltung der Formalien des Anhörungsverfahrens und deren Beweisbarkeit genau zu prüfen.

Vor jeder ordentlichen und außerordentlichen Kündigung ist der Betriebsrat **anzuhören**. Dies gilt unabhängig davon, ob das Kündigungsschutzgesetz anzuwenden ist oder nicht. Soll ein Betriebsratsmitglied oder ein sonstiger betriebsverfassungsrechtlicher Amtsträger außerordentlich gekündigt werden, hat der Betriebsrat der Kündigung **zuzustimmen**.

Der Betriebsrat kann mündlich angehört werden. Dies führt in der Praxis zu erheblichen Beweisproblemen. Meist wird deshalb vom Arbeitgeber die schriftliche Anhörung gewählt, welche dem Vorsitzenden des Betriebsrats, bzw. im Falle seiner Verhinderung dessen Stellvertreter zu übergeben ist. Hat der Betriebsrat einen Personalausschuss gebildet, ist die Anhörung dem Vorsitzenden des Personalausschusses zu übergeben.

Wichtiger Hinweis: Übergibt der Arbeitgeber die Anhörung nicht dem zuständigen Betriebsratsmitglied, ist die Anhörung fehlerhaft und die Kündigung nicht wirksam.

Bei einer schriftlichen Mitteilung müssen die Kündigungsgründe vollständig und hinreichend substantiiert enthalten sein. Da die vollständige Mitteilung der Kündigungsgründe zu einer Einschränkung der Flexibilität im Kündigungsschutzprozess führt, wählen manche Arbeitgeber folgendes Vorgehen: Der Betriebsrat wird mündlich ausführlich über die Kündigungsgründe informiert und erhält zusätzlich auf einem Formblatt die Personalien des Arbeitnehmers samt stichwortartiger Zusammenfassung der Kündigungsgründe und einem Verweis auf die erfolgte mündliche Anhörung. Dieses Vorgehen ist zulässig.

Beispiel eines Formblatts einer **verhaltensbedingten Kündigung:** Name, Alter, Familienstand, Unterhaltspflichten, Dauer der Betriebszugehörigkeit, Umstände für besonderen Kündigungsschutz, vorgesehene Kündigungsart (ordentlich oder außerordentlich), Kündigungsfrist, Kündigungstermin, sämtliche Gründe, auf die der Arbeitgeber die Kündigung stützt, vorangegangene Abmahnungen, negative Prognose, Interessenabwägung, den Arbeitnehmer entlastende Tatsachen. Bei der außerordentlichen Kündigung zusätzlich die Unzumutbarkeit der Einhaltung einer Kündigungsfrist und der Zeitpunkt der Kenntnis des Kündigungsgrundes.

Beispiel eines Formblatts einer **betriebsbedingten Kündigung:** Name, Alter, Familienstand, Unterhaltspflichten, Dauer der Betriebszugehörigkeit, Umstände für besonderen Kündigungsschutz, vorgesehene Kündigungsart (ordentlich oder außerordentlich), Kündigungsfrist, Kündigungstermin, konkrete Kündigungsgründe wie Betriebsbedingtheit, unternehmerische Entscheidung, kausaler Wegfall des Bedürfnisses zur Weiterbeschäftigung, d. h. keine anderen freien Arbeitsplätze, genauer Termin einer beabsichtigten Betriebsstilllegung, Grundsätze der sozialen Auswahl wie Ermittlung der vergleichbaren Arbeitnehmer, Gründe für die konkrete Auswahl.

Soll ein leitender Angestellter gekündigt werden, umfasst die Mitteilungspflicht lediglich die Personalien und die Funktion des leitenden Angestellten. Eine Anhörung ist gem. §§ 5 Abs. 3, 105 BetrVG nicht vorgesehen.

Die Vorlage von Beweismitteln, wie beispielsweise den Gesellschafterbeschluss zur Schließung einer Abteilung, darf der Betriebsrat nicht fordern.

Beachtet der Arbeitgeber die oben dargestellten Grundsätze nicht, kann dies zur Unwirksamkeit der Kündigung führen.

Beispiel: Ein Arbeitgeber hört den Betriebsrat an, da er eine Kündigung wegen Vorliegens einer Straftat aussprechen will. Nach Ausspruch der Kündigung stellt er im Kündigungsschutzprozess fest, dass seine Beweislage nicht optimal ist und schwenkt auf eine Verdachtskündigung um. Diese wird allerdings schon an der fehlenden Anhörung des Betriebsrats scheitern. Der Arbeitgeber hätte sich bei der Anhörung des Betriebsrats vorbehalten müssen, auch nur wegen des Verdachts der Straftat zu kündigen, falls die Beweislage eine Tatkündigung nicht zulässt. Im Kündigungsschutzprozess darf sich der Arbeitgeber nicht auf Gründe berufen, die dem Betriebsrat im Rahmen der Anhörung nicht mitgeteilt wurden.

In einem Kündigungsschutzprozess werden vom Arbeitgeber vor allem dann Kündigungsgründe nachgeschoben, wenn der Arbeitsrichter die vom Arbeitgeber zunächst vorgetragenen Kündigungsgründe ablehnt. Der Arbeitgeber darf grundsätzlich Kündigungsgründe nachschieben. Allerdings muss auch hinsichtlich der nachzuschiebenden Kündigungsgründe der Betriebsrat beteiligt werden. Waren die im Kündigungsschutzprozess nachzuschiebenden Kündigungsgründe bereits **vor** Ausspruch der Kündigung bekannt und wurden sie dem Betriebsrat nicht vorgetragen, kann der Arbeitgeber diese Kündigungsgründe nicht nachschieben, selbst wenn der Betriebsrat der Kündigung nachträglich zustimmt. Werden dem Arbeitgeber die nachzuschiebenden Kündigungsgründe erst **nach** Ausspruch der Kündigung bekannt, können sie ebenfalls im Kündigungsschutzprozess nachgeschoben werden, selbstverständlich erst nach Anhörung des Betriebsrats.

Treten Kündigungsgründe erst nach Ausspruch einer Kündigung auf, muss erneut gekündigt werden. Ein Nachschieben wäre unzulässig, selbst wenn der Betriebsrat zustimmt.

Ergänzt der Arbeitgeber nachträglich seine Ausführungen gegenüber dem Betriebsrat, beginnt die Frist für die Stellungnahme des Betriebsrats gem. § 102 Abs. 2 BetrVG neu zu laufen. Ebenso bei berechtigten Nachfragen des Betriebsrats. Dadurch kann sich jedoch die Kündigung zeitlich erheblich verschieben.

Tipp: Im Falle einer Kündigung sollten Sie beim Betriebsrat nachfragen, ob der Arbeitgeber möglicherweise nachträglich seine Ausführungen gegenüber dem Betriebsrat ergänzt hat und ob in diesem Zusammenhang die Frist nach § 102 Abs. 2 BetrVG gewahrt wurde.

Mitunter kommen auch Fehler im betriebsratsinternen Verfahren vor. Für diese Mängel ist der Arbeitgeber nicht verantwortlich, allerdings mit einer Ausnahme: Erklärt der Betriebsratsvorsitzende unmittelbar nach Mitteilung der Kündigungsabsicht seine Zustimmung zur Kündigung, ist die Anhörung fehlerhaft. Es liegt nämlich keine dem Betriebsrat zurechenbare Stellungnahme vor, und der Arbeitgeber konnte dies erkennen. Eine nach dieser „Anhörung" erfolgte Entlassung ist nicht wirksam.

Im Falle einer außerordentlichen Kündigung wird häufig hilfsweise ordentlich gekündigt. Der Betriebsrat ist auch zu dieser hilfsweisen ordentlichen Kündigung ausdrücklich anzuhören.

Das Anhörungsverfahren ist abgeschlossen, wenn der Betriebsrat Bedenken gegen eine ordentliche Kündigung innerhalb einer Woche, gegen eine außerordentliche Kündigung innerhalb von 3 Tagen unter Angabe von Gründen mitteilt.

Hat der Betriebsrat nach § 102 Abs. 3 BetrVG **widersprochen**, führt dies zu einem **Weiterbeschäftigungsanspruch** nach § 102 Abs. 5 BetrVG, wenn der Arbeitnehmer nach Einreichung der Kündigungsschutzklage die Weiterbeschäftigung begehrt. Der Arbeitgeber hat in diesem Fall den Arbeitnehmer auch nach Ablauf der Kündigungsfrist bis zum Abschluss des Rechtsstreits zu unveränderten Arbeitsbedingungen weiterzubeschäftigen. Allerdings hat der Arbeitgeber die Möglichkeit, sich bei Vorliegen der Voraussetzungen des § 102 Abs. 5 Satz 2 BetrVG durch eine einstweilige Verfügung von dieser Pflicht entbinden zu lassen. Die Weiterbeschäftigung über den Ablauf der Kündigungsfrist hinaus ist entscheidend für die Frage, ob der Arbeitnehmer nach rechtskräftiger Feststellung der Unwirksamkeit der Kündigung weiterbeschäftigt bleibt oder ob er trotz entsprechender gerichtlicher Feststellung gegen Zahlung einer Abfindung das Arbeitsverhältnis nicht fortführt.

J. Die Änderungskündigung

Der Arbeitgeber muss vor jeder Kündigung prüfen, ob das Arbeitsverhältnis durch den Ausspruch einer Änderungskündigung weiterhin Bestand haben kann. Die Änderungskündigung ist nämlich als milderes Mittel immer der Beendigungskündigung vorzuziehen.

Eine Änderungskündigung liegt dann vor, wenn der Arbeitgeber das Arbeitsverhältnis kündigt und dem Arbeitnehmer zugleich die Fortsetzung des Arbeitsverhältnisses zu geänderten Bedingungen anbietet. Der Arbeitnehmer hat drei Möglichkeiten, auf die Änderungskündigung zu reagieren:

- Der Arbeitnehmer kann das Änderungsangebot annehmen – auch schlüssig durch widerspruchs- und vorbehaltslose Weiterarbeit zu den geänderten Bedingungen, sofern sich die neuen Arbeitsbedingungen überhaupt sofort und konkret auf das Arbeitsverhältnis auswirken.
- Der Arbeitnehmer kann die geänderten Vertragsbedingungen unter dem Vorbehalt gem. § 2 KSchG annehmen und eine Kündigungsschutzklage in Form der Änderungsschutzklage erheben. Stellt sich die Änderungskündigung als rechtmäßig heraus, bleibt der Arbeitnehmer im Betrieb, jedoch zu den geänderten Vertragsbedingungen.
- Der Arbeitnehmer kann das Änderungsangebot ablehnen und Kündigungsschutzklage als Änderungsschutzklage erheben. Der Arbeitnehmer scheidet aus dem Unternehmen aus, wenn das Änderungsangebot des Arbeitgebers rechtmäßig ist.

Für die Erklärung des Vorbehalts hat der Arbeitnehmer **drei Wochen** Zeit. Dies gilt nur dann nicht, wenn die Kündigungsfrist kürzer als drei Wochen ist. Dann muss innerhalb der Kündigungsfrist der Vorbehalt erklärt werden. Wird eine außerordentliche Änderungskündigung ausgesprochen, muss der Vorbehalt vom Arbeitnehmer unverzüglich erklärt werden.

Tipp: Sollten Sie eine Änderungskündigung erhalten, so nehmen Sie bitte die von Ihrem Arbeitgeber zur Annahme des Änderungsangebots gesetzte Frist sehr ernst. Diese Frist muss mindestens drei Wochen betragen (außer im Falle einer außerordentlichen Änderungskündigung und wenn die Kündigungsfrist kürzer als zwei Wochen ist). Ist die vom Arbeitgeber gesetzte Frist allerdings zu Unrecht zu kurz bemessen, so wird diese Frist an die dreiwöchige gesetzliche Mindestfrist angepasst.

Die Änderungskündigung bedarf einer vorherigen **Abmahnung**, wenn der Grund für die Änderungskündigung auf einem vom Arbeitnehmer steuerbaren Umstand beruht.

Ist mit einer Änderungskündigung eine Versetzung gemäß § 95 Abs. 3 BetrVG verbunden, muss der Betriebsrat nicht nur gemäß § 102 Abs. 2 Satz 1 BetrVG angehört, sondern zugleich um Zustimmung nach § 99 BetrVG gebeten werden. Es handelt sich in diesem Fall um zwei unterschiedliche Mitbestimmungsverfahren.

Beispiel einer Änderungskündigung eines Fuhrparkleiters: „Mit der Unterzeichnung eines Fuhrparkleasing- und Fuhrparkmanagement-Rahmenvertrags haben wir den Bereich des Fuhrparkmanagements outgesourct. Dies führt dazu, dass wir das mit Ihnen bestehende Arbeitsverhältnis fristgemäß zum 30. November kündigen. Da wir Sie als Mitarbeiter ungern verlieren würden, bieten wir Ihnen mit Wirkung zum 1. Dezember einen Arbeitsplatz als Sachbearbeiter im Bereich Controlling an. Die übrigen Bedingungen Ihres Arbeitsvertrags bleiben gleich. Sollten Sie mit diesem Vorschlag einverstanden sein, bitten wir um Rückgabe des beigefügten Arbeitsvertrags bis spätestens 31. August. Für den Fall der Ablehnung endet Ihr Arbeitsverhältnis mit dem Ablauf der Kündigungsfrist. Der Betriebsrat hat der Änderungskündigung zugestimmt."

Der angebotene neue Arbeitsvertrag darf keine unwirksame Klauseln enthalten. In diesem Fall wäre es dem Arbeitnehmer nicht zuzumuten, das Änderungsangebot anzunehmen. Dasselbe gilt für eine Änderungskündigung, mit der der Arbeitsvertrag über das notwendige Maß hinaus verschlechtert wird. Der Arbeitnehmer braucht sich nicht auf rechtswidrige Vertragsbestimmungen einzulassen. Er muss auch nicht Verschlechterungen über das notwendige Maß hinaus akzeptieren. Diese Änderungskündigungen wären nicht rechtmäßig.

Beispiel: Mit der Änderungskündigung wird einem Arbeitnehmer eine Teilzeitstelle angeboten, da der bisherige Vollzeit-Arbeitsplatz dieses Arbeitnehmers auf eine 50 %-Stelle reduziert wird. Mit der Änderungskündigung darf nicht eine Reduzierung des Gehalts von mehr als 50 % erfolgen. Diese Änderungskündigung wäre rechtswidrig.

K. Massenentlassungen

Beschäftigt ein Arbeitgeber mehr als 20 Arbeitnehmer, so muss er Massenentlassungen der Agentur für Arbeit mitteilen und anzeigen, bevor er mehr als eine bestimmte Anzahl Arbeitnehmer innerhalb von 30 Kalendertagen entlässt. Dies sind in Betrieben mit in der Regel

• 21 bis 59 Arbeitnehmern	mehr als fünf Arbeitnehmer
• 60 bis 499 Arbeitnehmern	mehr als 25 Arbeitnehmer oder mehr als 10 %
• 500 oder mehr Arbeitnehmern	mehr als 30 Arbeitnehmer.

Den Entlassungen stehen übrigens andere Beendigungen des Arbeitsverhältnisses gleich, die vom Arbeitgeber veranlasst werden, etwa Aufhebungsverträge.

Bei der Berechnung, ob der Arbeitgeber zu einer Massenentlassungsanzeige verpflichtet ist, kommt es nicht auf die tatsächliche Beendigung des Arbeitsverhältnisses an, sondern auf den Zeitpunkt der Erklärung der Kündigung.

Das Arbeitsamt kann nach der Anzeige der beabsichtigten Massenentlassung eine **Entlassungssperre** verfügen. Hat nun ein Arbeitgeber die Massenentlassungsanzeige nicht korrekt durchgeführt oder ganz unterlassen, so sind sämtliche Kündigungen **unwirksam**.

Wichtiger Hinweis: Die Massenentlassungsanzeige ist vom Arbeitgeber bereits vor Ausspruch der Kündigungen zu erstatten. Aber auch dann darf der Arbeitgeber nicht sofort kündigen. Er darf erst nach Ablauf einer einmonatigen Sperrfrist Kündigungen aussprechen. Eine vorher ausgesprochene Kündigung ist **unwirksam.** Die Unwirksamkeit tritt allerdings nur dann ein, wenn sich der Arbeitnehmer ausdrücklich auf die Unwirksamkeit **beruft.**

Auch eine Kündigung im Rahmen von Massenentlassungen muss dem Arbeitnehmer gegenüber individuell erklärt werden. Eine Massenkündigung durch Aushang am schwarzen Brett ist nicht mehr möglich. Dies gilt übrigens selbst dann, wenn eine solche Regelung in einem anzuwendenden Tarifvertrag oder in einer Betriebsvereinbarung vorgesehen ist.

Beispiel: Eine Betriebsvereinbarung sieht vor, dass Massenkündigungen durch Aushang am schwarzen Brett ausgesprochen werden dürfen. Die Betriebsvereinbarung stammt aus der Zeit vor der Neuregelung des § 623 BGB. Der Arbeitgeber glaubt, die Betriebsvereinbarung gehe dem Gesetz vor und kündigt den Arbeitnehmern durch Aushang am schwarzen Brett. Diese Kündigung ist wegen Verstoßes gegen die gesetzliche Schriftform unwirksam, und das Arbeitsverhältnis besteht weiter.

L. Das arbeitsgerichtliche Verfahren

Gegen eine vermeintlich rechtswidrige Kündigung kann der Arbeitnehmer innerhalb von **drei Wochen** Kündigungsschutzklage erheben.

Beispiel: Ein Arbeitnehmer erhält am Dienstag, dem 10. April, die Kündigung zugestellt. Die Klagefrist läuft am Dienstag, dem 1. Mai, um 24.00 Uhr ab. Da dieser Tag ein gesetzlicher Feiertag ist, tritt an seine Stelle der nächstfolgende Werktag, also Mittwoch, der 2. Mai.

Die Kündigungsschutzklage kann der Arbeitnehmer selbst – auch handschriftlich – erheben oder sich durch einen Rechtsanwalt vertreten lassen. Es gibt zudem die Möglichkeit, die Klage vor dem Arbeitsgericht **zu Protokoll** zu geben. Hierzu sollte der Arbeitnehmer das zuständige Arbeitsgericht aufsuchen und sämtliche Unterlagen, die das Arbeitsverhältnis betreffen, mitnehmen. Dazu gehören auf jeden Fall der Arbeitsvertrag und der Schriftverkehr mit dem Arbeitgeber sowie das Kündigungsschreiben selbst.

Tipp: Falls Sie sich nicht sicher sind, ob Sie gegen die Kündigung Kündigungsschutzklage erheben wollen, so sollten Sie sich rechtzeitig um kompetente Unterstützung bemühen. Sollten Sie dabei die Konsultation eines Rechtsanwalts in Erwägung ziehen, glauben aber, die Kosten hierfür nicht tragen zu können, so bietet sich die Inanspruchnahme von **Beratungshilfe** an. Diese können Sie bei dem für Ihren Wohnsitz zuständigen Amtsgericht – nicht Arbeitsgericht! – beantragen. Entsprechend Ihren Einkommens- und Vermögensverhältnissen kann Ihnen Beratungshilfe gewährt werden. Auch in einem späteren Kündigungsschutzprozess können Sie unter bestimmten Voraussetzungen **Prozesskostenhilfe** in Anspruch nehmen.

Die Klage muss vor dem zuständigen Arbeitsgericht erhoben werden. Das zuständige Arbeitsgericht ist regelmäßig das Arbeitsgericht, in dessen Bezirk der Arbeitgeber seinen Sitz hat.

Die Erhebung einer Kündigungsschutzklage ist entgegen weit verbreiteter Meinung keine komplizierte Angelegenheit für die Arbeitnehmerseite. Dies hängt mit der Beweislast im Kündigungsschutzprozess zusammen. Der Arbeitnehmer hat im Wesentlichen nur darzulegen und zu beweisen, dass das Kündigungsschutzgesetz für ihn gilt. Ob die Kündigung begründet ist, hat vollständig der Arbeitgeber darzulegen und zu beweisen. Um Ihnen deutlich zu machen, dass Sie zumindest zu Beginn des Kündigungsschutzverfahrens regelmäßig keinen großen Aufwand treiben müssen, wird nachfolgend ein Beispiel einer gängigen Kündigungsschutzklage gegeben:

An das
Arbeitsgericht Neustadt
Gerichtsstraße 99
12345 Neustadt

Datum

Klage

der Petra Maier, Hauptstraße 60, 12345 Neustadt

gegen

Max Müller, Nebenstraße 1, 12345 Neustadt

wegen: Kündigung.

Es wird beantragt: Es wird festgestellt, dass das Arbeitsverhältnis zwischen den Parteien nicht durch die ordentliche Kündigung, erklärt unter dem 17. Juli 2007, der Klägerin zugegangen am 18. Juli 2007, mit Ablauf des 15. August 2007 endet.

Begründung:
Die am 1. 1. 1966 geborene Klägerin wurde mit schriftlichem Arbeitsvertrag ab 1. April 2006 als Industriemechanikerin bei dem Beklagten eingestellt. Sie verdient 2.000 Euro monatlich.
Beweis: *Arbeitsvertrag vom 1. April 2006*
Mit Schreiben vom 17. Juli 2007, der Klägerin zugegangen am 18. Juli 2007, kündigte der Beklagte das Arbeitsverhältnis zum 15. August 2007.
Beweis: *Kündigungsschreiben*
Auf das Arbeitsverhältnis der Parteien findet das Kündigungsschutzgesetz Anwendung, da der Beklagte regelmäßig 20 Mitarbeiter beschäftigt.
Die Kündigung ist nicht wirksam, da kein Kündigungsgrund vorhanden ist.

Unterschrift
Petra Maier

Nachdem die Kündigungsschutzklage erhoben worden ist, erhält der Arbeitgeber eine Abschrift der Klageschrift vom Arbeitsgericht zugestellt. Zugleich verfügt das Arbeitsgericht den Termin zur **Güteverhandlung**. Sie erhalten deshalb eine Ladung zur Güteverhandlung.

> **Wichtiger Hinweis:** Sie müssen in der Güteverhandlung unbedingt anwesend sein oder sich vertreten lassen. Der Vertreter muss eine schriftliche Original-Vollmachtserklärung durch Sie vorlegen. Ist allerdings Ihr **persönliches Erscheinen** vom Arbeitsgericht **angeordnet** worden, so müssen Sie selbst dann zur Güteverhandlung erscheinen, wenn Sie einen Vertreter beauftragen. Nur wenn dieser Vertreter den Sachverhalt genauso wie Sie selbst kennt und zu allen Verfahrenshandungen, also auch dem Abschluss eines Vergleichs, ermächtigt ist, dürfen Sie der Güteverhandlung fernbleiben.

Die Güteverhandlung findet vor dem Vorsitzenden der Kammer statt. Die ehrenamtlichen Richter sind bei der Güteverhandlung nicht anwesend. In der Güteverhandlung soll eine gütliche Einigung herbeigeführt werden. Diese gütliche Einigung wird Vergleich genannt und beinhaltet ein gegenseitiges Nachgeben. Ca. 90 % der Kündigungsschutzverfahren enden mit einem Vergleich, der regelmäßig eine Abfindung des Arbeitnehmers vorsieht. Kommt ein Vergleich zustande, ist das gerichtliche Verfahren abgeschlossen. Der Arbeitnehmer erhält einige Zeit nach dem Gütetermin den Vergleich in schriftlicher Form vom Arbeitsgericht. In diesem Vergleich sind die gegenseitigen Rechte und Pflichten von Kläger und Beklagtem ausführlich beschrieben. Kommt nun der Arbeitgeber der Verpflichtung aus dem Vergleich nicht nach, so kann der Vergleich vollstreckt werden.

> **Tipp:** Für die Güteverhandlung wird vom Arbeitsgericht regelmäßig nur ein kurzer Zeitraum – beispielsweise 20 Minuten – vorgesehen. In dieser kurzen Zeit führt der vorsitzende Richter in den Sach- und Streitstand ein. Für eine ausführliche Diskussion der Kündigungsgründe bleibt deshalb keine Zeit. Aus diesem Grund werden regelmäßig nur die wichtigsten Punkte in der Verhandlung angesprochen. Hierauf sollten Sie sich einstellen.

Endet die Güteverhandlung ohne einen Vergleich, so wird ein sog. **Kammertermin** vom Arbeitsgericht anberaumt. Im Kammertermin sind neben dem Vorsitzenden der Kammer auch die ehrenamtlichen Richter anwesend. Von den ehrenamtlichen Richtern wird der eine Richter von der Arbeitgeberseite und der andere von der Arbeitnehmerseite benannt. Das sind in der Regel die Arbeitgeberverbände und die Gewerkschaften.

Regelmäßig findet der Kammertermin viele Monate nach der Güteverhandlung statt. Ganz ausnahmsweise jedoch schließt sich die Kammerverhandlung unmittelbar an die Güteverhandlung an. Nach dem Kammertermin ergeht ein Urteil. Gegen dieses kann bei Vorliegen der entsprechenden Voraussetzungen Berufung und sodann Revision eingelegt werden.

Im Arbeitsgerichtsprozess kann der Arbeitgeber Kündigungsgründe nachschieben, wenn diese vor Ausspruch der Kündigung bereits entstanden waren, ihm aber erst später bekannt geworden sind. Existiert ein Betriebsrat, muss dieser allerdings zu diesen neuen Kündigungsgründen erneut angehört werden.

Sollte der Arbeitnehmer den Kündigungsschutzprozess gewinnen, hat er einen Anspruch gegen den Arbeitgeber auf Beschäftigung. Der Arbeitgeber hat zudem das Gehalt für die Zeit von der Entlassung bis zur Wiederaufnahme der Arbeit nachzuzahlen. Dieses Gehalt wird der **Annahmeverzugslohn** genannt. Allerdings muss sich der Arbeitnehmer das Arbeitslosengeld anrechnen lassen.

Beispiel: Ein Arbeitnehmer mit einem Monatsgehalt von 2.000 Euro erhält eine Kündigung auf den 30. April. Am 31. Mai wird der Kündigungsschutzprozess zugunsten des Arbeitnehmers entschieden. Der Arbeitnehmer war nach Beendigung des Arbeitsverhältnisses arbeitslos und hat für den Monat Mai ein Arbeitslosengeld in Höhe von 900 Euro erhalten. Den Differenzbetrag in Höhe von 1.100 Euro muss nun der Arbeitgeber dem Arbeitnehmer nachzahlen. Übrigens wird auch die Agentur für Arbeit vom Arbeitgeber das gezahlte Arbeitslosengeld zurückfordern.

Wichtiger Hinweis: Nicht nur das Arbeitslosengeld muss sich der Arbeitnehmer auf den Annahmeverzugslohn anrechnen lassen, sondern auch den **anderweitigen Verdienst**. Sollte Ihr Arbeitgeber Sie im Laufe des Kündigungsschutzprozesses fragen, ob Sie einen neuen Arbeitsplatz haben und wie viel Sie dort verdienen, so sind Sie bitte vorsichtig mit Auskünften, wenn Sie einen neuen Arbeitsplatz haben. Erfährt der Arbeitgeber nämlich, dass Sie in Ihrem neuen Arbeitsverhältnis genau so viel verdienen, wie in dem gekündigten Arbeitsverhältnis, so verringert sich das Prozessrisiko des Arbeitgebers ganz erheblich. Er kann einen „Gang durch die Instanzen" risikieren, da Sie sich das Gehalt beim neuen Arbeitgeber auf den Annahmeverzugslohn anrechnen lassen müssen. Sie selbst haben in diesem Fall von einem obsiegenden Urteil finanziell nichts, da Sie sich den anderweitigen Verdienst anrechnen lassen müssen und somit – bei gleich hohem oder höherem Gehalt beim neuen Arbeitgeber – keinen Annahmeverzugslohn erhalten.

Manche Arbeitgeber bieten dem Arbeitnehmer an, über die Dauer der Kündigungsfrist hinaus bis zum rechtskräftigen Abschluss des Kündigungsschutzverfahrens weiterzuarbeiten. Lehnt der Arbeitnehmer dieses Angebot ab, hat er im Falle seines Obsiegens keinen Anspruch auf diesen Annahmeverzugslohn. Bei diesem Angebot auf Weiterarbeit bis zum Ende des Kündigungsschutzprozesses übersehen mache Arbeitgeber, dass sie sich insbesondere im Falle von betriebsbedingten Kündigungen in Widerspruch zu den Kündigungsgründen setzen. In diesem Fall steigen die Erfolgsaussichten des Arbeitnehmers.

Beispiel für das Angebot einer rechtlich zulässigen Weiterbeschäftigung:

„Ihnen wurde wegen häufiger Kurzerkrankungen mit Wirkung zum 31. 12. 2007 gekündigt. Gegen die Kündigung wurde von Ihnen Kündigungsschutzklage erhoben. Wir fordern Sie zur Vermeidung des Annahmeverzugs auf, für die Dauer des Kündigungsschutzprozesses zu im Übrigen unveränderten Bedingungen bei uns weiterzuarbeiten. Sollten Sie dieses Angebot nicht annehmen, haben Sie keinen Anspruch auf das Annahmeverzugsentgelt. Nur zur Klarstellung sei erwähnt, dass an der Kündigung festgehalten wird."

Im Arbeitsgerichtsprozess wird manchmal die **Kündigung zurückgenommen**. Allerdings kann eine Kündigung rechtlich nicht zurückgenommen werden. Wird sie dennoch zurückgenommen, liegt darin ein Angebot an den Arbeitnehmer, das Arbeitsverhältnis unverändert fortzusetzen. Dieses Angebot kann der Arbeitnehmer annehmen oder auch nicht. In einer bereits erhobenen Kündigungsschutzklage durch den Arbeitnehmer liegt keine konkludente Zustimmung des Arbeitnehmers zur Rücknahme der Kündigung. Dem Arbeitnehmer darf auch nicht widersprüchliches Verhalten vorgeworfen werden, wenn er zwar Kündigungsschutzklage erhebt, nicht jedoch von der vom Arbeitgeber angebotenen Rücknahme der Kündigung Gebrauch macht. Der Arbeitnehmer muss übrigens ausdrücklich sein Einverständnis mit der Rücknahme der Kündigung erklären, wenn er der Rücknahme zustimmt. Er darf aber auch den Kündigungsschutzprozess weiter führen mit dem Ziel der richterlichen Feststellung der Unwirksamkeit der Kündigung.

M. Der rechtsschutzversicherte Arbeitnehmer

Rechtsschutzversicherungen tragen im Falle eines Rechtsstreits die Rechtsanwalts- und Gerichtskosten. Gerade für arbeitsrechtliche Auseinandersetzungen ist der Abschluss einer Rechtsschutzversicherung von großem Nutzen. Es gibt nämlich im Arbeitsrecht die Besonderheit, dass in der ersten Instanz jede der Parteien ihre eigenen Rechtsanwaltskosten trägt, unabhängig vom Ausgang des Prozesses.

Beispiel: Ein Arbeitnehmer wird entlassen. Gegen die Kündigung erhebt er Kündigungsschutzklage. Das Arbeitsgericht stellt fest, dass die Kündigung rechtswidrig war. Damit hat der Arbeitnehmer den Arbeitsgerichtsprozess gewonnen. Allerdings erhält er nicht – wie sonst üblich – seine Rechtsanwaltskosten von der Gegenseite erstattet. In der ersten Instanz des arbeitsgerichtlichen Prozesses trägt jede Partei ihre Kosten selbst.

Die Rechtsschutzversicherung erstattet in jedem Fall die Rechtsanwaltskosten, unabhängig vom Ausgang des Prozesses. Allerdings gibt es in den Allgemeinen Versicherungsbedingungen einige Ausnahmen von der Eintrittspflicht des Rechtsschutzversicherers. Die wichtigsten sind folgende:

- Die Herbeiführung des Versicherungsfalls beruht auf einer vorsätzlichen Straftat. In diesem Fall braucht die Versicherung nicht zu leisten.

  Beispiel: Der Arbeitnehmer beleidigt oder verprügelt seinen Arbeitgeber. Er erhält daraufhin die fristlose Kündigung. Gegen diese Kündigung möchte der Arbeitnehmer Kündigungsschutzklage erheben. Selbst wenn er rechtsschutzversichert ist, hilft ihm dies hier wenig. Da die Beleidigung und die Körperverletzung eine vorsätzliche Straftat darstellen, braucht die Rechtsschutzversicherung nicht die Rechtsanwaltskosten zu übernehmen. Der Arbeitnehmer hat diese selbst zu tragen.

- Der Rechtsstreit hat keine hinreichende Aussicht auf Erfolg. Allerdings verweigern die wenigsten Rechtsschutzversicherungen die Kostendeckungszusage aus diesem Grund. Gerade in arbeitsrechtlichen Streitigkeiten besteht eigentlich immer eine – wenn auch nur zum Teil ganz geringe – Erfolgsaussicht. Zudem müssen die Rechtsschutzversicherer bei der Ablehnung der Kostenübernahme einige Formalien beachten. Die Ablehnung muss nämlich unverzüglich erfolgen und begründet sein. Selbst wenn ausnahmsweise keine hinreichende Aussicht auf Erfolg besteht, wird Ihre Rechtsschutzversicherung zumindest die Kosten für eine **Erstberatung** übernehmen. In diesem Erstberatungsgespräch mit dem Rechtsanwalt wird festgestellt werden können, ob in der Tat keine Erfolgsaussicht besteht.

> **Tipp:** Meist ist es ohnehin Ihr Rechtsanwalt, der bei Ihrer Rechtsschutzversicherung die Deckungszusage einholt. Sie sollten sich deshalb keine großen Gedanken machen, ob tatsächlich eine Erfolgsaussicht besteht. Hierzu wird Sie der Rechtsanwalt informieren.

- Eine Ablehnung des Versicherungsschutzes erfolgt hingegen immer wieder **mangels eines Rechtsverstoßes des Arbeitgebers.** Die Rechtsschutzversicherung ist nämlich nur dann eintrittspflichtig, wenn die Gegenseite gegen Rechtspflichten verstoßen hat. Ein gängiger Fall ist das Angebot eines Aufhebungsvertrags.

Beispiele:
- Einem Arbeitnehmer wird von seinem Arbeitgeber ein Aufhebungsvertrag angeboten. Der Arbeitgeber legt ihm den Aufhebungsvertrag zur Unterzeichnung vor und teilt ihm zugleich mit, dass bei Nichtunterzeichnung eine Kündigung erfolgen wird. In diesem Fall wird die Rechtsschutzversicherung die Kosten für die Prüfung des Aufhebungsvertrags nicht übernehmen, da kein Verstoß gegen Rechtspflichten vorliegt.
- Wird dem Arbeitnehmer allerdings ein Aufhebungsvertrag zur Unterzeichnung vorgelegt und dabei in unzulässigerweise Druck auf den Arbeitnehmer ausgeübt, liegt ein Rechtsschutzfall vor. Eine unzulässige Druckausübung liegt beispielsweise dann vor, wenn der Arbeitgeber dem Arbeitnehmer mit einer Strafanzeige droht, obwohl nicht einmal ansatzweise eine Straftat vorliegt. Hat der Arbeitnehmer jedoch eine Straftat – wie bespielsweise Diebstahl – begangen, darf der Arbeitgeber mit einer Strafanzeige drohen.

- Für einen **allgemeinen Weiterbeschäftigungsanspruch** übernehmen die Rechtsschutzversicherer regelmäßig keine Kostendeckung. Unter dem allgemeinen Weiterbeschäftigungsanspruch ist Folgendes zu verstehen: Bis zum Abschluss des Kündigungsschutzprozesses hat der Arbeitnehmer einen Weiterbeschäftigungsanspruch. Es überwiegt nämlich das Interesse des Arbeitnehmers an der Weiterbeschäftigung das Interesse des Arbeitgebers an einer Nichtbeschäftigung. Allerdings überwiegt **nach** Ablauf der Kündigungsfrist das Interesse des Arbeitgebers an der Nichtbeschäftigung des Arbeitnehmers. Nur in Fällen einer offensichtlich unwirksamen Kündigung, wie beispielsweise der Kündigung eines Betriebsratsmitglieds, überwiegt weiterhin das Interesse des Arbeitnehmers an der Weiterbeschäftigung. Gleiches gilt auch nach einem obsiegenden Urteil in der ersten Instanz, und der Arbeitnehmer darf weiterarbeiten.

Tipp: Sollte Ihr Rechtsanwalt schon mit der Kündigungsschutzklage einen allgemeinen Weiterbeschäftigungsanspruch geltend machen wollen, so muss er mit Ihnen die Kostentragung für diesen Anspruch abklären. Erteilt nämlich die Rechtsschutzversicherung für diesen Anspruch keine Kostendeckungszusage, haben Sie selbst die Kosten für diesen Anspruch zu tragen.

- Der Versicherungsschutz beginnt erst mit Ablauf der **dreimonatigen Wartefrist.** Versicherungsschutz ist nämlich nicht schon mit Beginn des Rechtsschutzversicherungsvertrags gegeben, sondern erst nach Ablauf einer Wartefrist. Allerdings gilt diese Wartefrist nicht für ein Erstberatungsgespräch mit dem Rechtsanwalt.

  Beispiel: Seit 1. Januar ist ein Arbeitnehmer rechtsschutzversichert. In den allgemeinen Versicherungsbedingungen ist geregelt, dass der Versicherungsschutz erst nach einer dreimonatigen Wartefrist beginnt. Am 20. März 2008 kommt es zwischen dem Arbeitgeber und dem Arbeitnehmer zu einem heftigen Streit, der zu einer außerordentlichen Kündigung durch den Arbeitgeber führt. Da die dreimonatige Wartezeit noch nicht verstrichen ist, übernimmt die Rechtsschutzversicherung die Kosten für die Kündigungsschutzklage nicht. Lediglich die Kosten für eine Erstberatung beim Rechtsanwalt werden von der Rechtsschutzversicherung übernommen werden.

- Mitunter bieten Rechtsanwälte ihre Tätigkeit nur gegen den Abschluss einer **Honorarvereinbarung** an. Die Rechtsanwaltskosten aufgrund einer Honorarvereinbarung werden von der Rechtsschutzversicherung nicht übernommen, sofern sie die gesetzlichen Gebühren nach dem Rechtsanwaltsvergütungsgesetz übersteigen.
- Mitunter kündigt ein Mandant den Dienstvertrag mit dem Rechtsanwalt, um die Angelegenheit einem anderen Rechtsanwalt zu übertragen. Im Falle eines **Wechsels des Rechtsanwalts** werden die dadurch entstehenden Mehrkosten nur dann von der Rechtsschutzversicherung übernommen, wenn der Wechsel des Rechtsanwalts objektiv notwendig war. Dies ist beispielsweise dann der Fall, wenn der Rechtsanwalt seine Zulassung zurückgibt.

Gerade in den letzten Jahren sind Rechtsschutzversicherer dazu übergegangen, ihren Versicherten spezielle Leistungen anzubieten. Hierzu gehört bei manchen Versicherern auch die telefonische Beratung nach Eintritt eines Versicherungsfalls. Sie sollten bei Inanspruchnahme der telefonischen Beratung immer darauf achten, dass jeder Aspekt Ihres Falles ausreichend gewürdigt wird. Gerade im Arbeitsrecht ist jedes Detail wichtig. Achten Sie deshalb darauf, dass Ihnen Fragen gestellt werden und dass auch bei Kündigungsschutzsachen der Inhalt des Arbeitsvertrags und weitere vertragliche Vereinbarungen genügend berücksichtigt werden.

N. Der Auflösungsantrag nach § 9 Abs. 1 KSchG

Nach einem Kündigungsrechtsstreit ist das Arbeitsverhältnis oft derart zerrüttet, dass dem Arbeitnehmer eine Weiterbeschäftigung nicht mehr zuzumuten ist. Nach § 9 Abs. 1 Satz 1 KSchG hat das Arbeitsgericht das Arbeitsverhältnis auf Antrag des Arbeitnehmers aufzulösen und den Arbeitgeber zur Zahlung einer angemessenen Abfindung zu verurteilen, wenn feststeht, dass die Kündigung nicht rechtmäßig ist. Hinzukommen muss zwingend, dass dem Arbeitnehmer nicht zuzumuten ist, das Arbeitsverhältnis fortzusetzen. Es müssen allerdings konkrete Anknüpfungspunkte für die Unzumutbarkeit der Weiterbeschäftigung vorhanden sein.

Beispiele:

Der Arbeitgeber äußert sich in ehrverletzender Weise über den Arbeitnehmer, und es besteht deshalb die Sorge, dass der Arbeitgeber den Arbeitnehmer nach Rückkehr in den Betrieb unkorrekt behandelt. In diesem Fall ist die Weiterbeschäftigung unzumutbar.

- Der Arbeitgeber bezweifelt die Qualifikation des Arbeitnehmers für bestimmte Aufgaben, obwohl der unmittelbare Vorgesetzte des Arbeitnehmers der gegenteiligen Auffassung ist. Auch in diesem Fall ist die Weiterbeschäftigung unzumutbar.
- Ein Arbeitgeber stellt unzutreffende Behauptungen über die Person oder das Verhalten des Arbeitnehmers auf, ohne dass diese Behauptung beleidigend wäre. Eine Weiterbeschäftigung ist in diesem Fall für den Arbeitnehmer zumutbar.
- Ein Arbeitnehmer hat – ohne weitere Begründung – die Sorge, dass der Arbeitgeber nach seiner Rückkehr in den Betrieb weitere Kündigungen ausspricht, bzw. nach weiteren Kündigungsgründen sucht. Auch hier ist die Weiterbeschäftigung für den Arbeitnehmer zumutbar.

Allerdings kann der Arbeitnehmer nicht für jeden Fall der Rechtswidrigkeit der Kündigung einen Auflösungsantrag stellen. Ist die Kündigung beispielsweise wegen fehlerhafter oder unterlassener Anhörung des Betriebsrats unwirksam, muss der Arbeitnehmer wieder in den Betrieb zurückkehren. In diesem Fall kann der Arbeitnehmer keinen Auflösungsantrag stellen.

Vom Arbeitsgericht ist der Arbeitgeber zur Zahlung einer angemessenen Abfindung zu verurteilen. Die Höhe dieser Abfindung beurteilt sich nach § 10 KSchG. Als Obergrenze sind 12 Monatsgehälter festgesetzt. Hat allerdings der Arbeitnehmer das 50. Lebensjahr vollendet und hat das Arbeitsverhältnis mindestens 15 Jahre bestanden, so ist ein Betrag bis höchstens 15 Monatsgehälter festzusetzen. Hat der Arbeitnehmer das 55. Lebensjahr vollendet und hat das Arbeitsverhältnis mindestens 20 Jahre bestanden, beträgt die Obergrenze für die Abfindung 18 Monatsgehälter.

Im Übrigen ist auch der Arbeitgeber unter bestimmten Voraussetzungen berechtigt, einen Auflösungsantrag zu stellen.

O. Die Abfindung

Bei Kündigungen ist es nicht unüblich, diese mit dem Angebot einer Abfindung zu verbinden. Der Arbeitgeber verspricht sich regelmäßig davon, dass der Arbeitnehmer die Kündigung akzeptiert und keine Kündigungsschutzklage erhebt. Oft wird auch vor dem Ausspruch einer Kündigung dem Arbeitnehmer ein Aufhebungsvertrag mit Abfindung angeboten.

Für Sie selbst stellt sich möglicherweise die Frage, ob ein Anspruch auf Abfindung besteht und welche Höhe die Abfindung im konkreten Fall haben sollte.

Zunächst muss festgestellt werden, ob überhaupt ein Anspruch auf eine Abfindung bei Kündigung besteht. In der überwiegenden Mehrzahl der Kündigungen dürfte es keinen Anspruch auf Abfindung geben. Besteht ein Anspruch auf eine Abfindung, sind es meist Sozialpläne oder Tarifverträge, aus denen sich der Anspruch in bestimmter Höhe ergibt. Vor allem die Abfindungsansprüche aus Sozialplänen haben eine erhebliche praktische Bedeutung. Voraussetzung für einen solchen Anspruch ist, dass in dem Betrieb mehr als 20 Arbeitnehmer für die Wahl eines Betriebsrats wahlberechtigt sind und eine Betriebsänderung im Sinne des § 111 BetrVG vorgesehen ist. Der Betriebsrat verhandelt den Interessenausgleich und Sozialplan für alle Arbeitnehmer.

Bei **betriebsbedingten Kündigungen** kann sich zudem ein Anspruch auf Abfindung ergeben, wenn die Voraussetzungen des § 1 a KSchG eingehalten sind:

- Es muss sich um eine Kündigung aus dringenden betrieblichen Erfordernissen handeln. Dies muss der Arbeitgeber im Kündigungsschreiben auch so angeben.
- Im Kündigungsschreiben muss der Hinweis enthalten sein, dass der Arbeitnehmer bei Verstreichenlassen der Klagefrist die Abfindung nach § 1 a KSchG beanspruchen kann.

Die Höhe der Abfindung muss im Kündigungsschreiben nicht angegeben werden. Sie ergibt sich aus dem Gesetz selbst. Die Berechnung erfolgt nach den Regeln des § 1 a Abs. 2 KSchG. Hiernach beträgt die Höhe der Abfindung **0,5 Bruttomonatsverdienste für jedes Jahr des Bestehens des Arbeitsverhältnisses.** Ein Zeitraum von mehr als sechs Monaten ist auf ein volles Jahr aufzurunden.

Beispiel: Ein Arbeitnehmer ist im Betrieb seit fünf Jahren und acht Monaten beschäftigt. Er erhält eine Kündigung mit dem Hinweis, dass er bei Verstreichenlassen der Klagefrist eine Abfindung beanspruchen kann. Die Abfindungshöhe berechnet sich aus einer Betriebszugehörigkeit von sechs Jahren. Damit stehen dem Arbeitnehmer drei Bruttomonatsgehälter als Abfindung zu.

Als Monatsverdienst gilt das, was dem Arbeitnehmer bei der für ihn maßgebenden regelmäßigen Arbeitszeit in dem Monat, in dem das Arbeitsverhältnis endet, an Geld und Sachbezügen zusteht. Für längere Zeiträume berechnete Leistungen müssen umgerechnet werden. Beispielsweise muss ein 13. Monatsgehalt auf das Jahr umgelegt werden. Dem für die Höhe der Abfindung maßgebenden Monatsverdienst wird deshalb $^1/_{12}$ des 13. Monatsgehalts hinzuaddiert. Ebenso wird bei Urlaubsgeld und Jahresprovisionen verfahren. Bei der Berechnung der Abfindung sind Ruhenszeiten wie die Elternzeit zu berücksichtigen.

Nennt übrigens der Arbeitgeber im Kündigungsschreiben die Höhe der Abfindung und ist die Abfindung versehentlich zu hoch berechnet, so muss er regelmäßig diesen Betrag an den Arbeitnehmer zahlen. Im Fall einer zu niedrigen Berechnung der Höhe der Abfindung hat der Arbeitnehmer einen Anspruch auf Korrektur des Betrags und Zahlung einer korrekt berechneten Abfindung.

Ob im Falle einer betriebsbedingten Kündigung eine Abfindung angeboten wird, steht allein im Ermessen des Arbeitgebers. Der Arbeitnehmer hat keinen Anspruch auf die Abfindung nach § 1 a KSchG.

Eine Abfindung ist regelmäßig **sozialversicherungsfrei**, d. h., dass auf die Abfindung keine Sozialversicherungsbeiträge wie Renten-, Kranken- oder Arbeitslosenversicherungsbeiträge zu entrichten sind. Allerdings gilt dies nur dann, wenn die Abfindung wegen Beendigung des Arbeitsverhältnisses für den Wegfall künftiger Verdienstmöglichkeiten durch den Verlust des Arbeitsplatzes gezahlt wird.

Tipp: Folgende Formulierungen im Aufhebungsvertrag sollten zur Vermeidung einer Sozialversicherungspflicht unbedingt vermieden werden:
- die Abfindung wird für die „geleisteten Dienste" bezahlt
- die Abfindung soll „die noch ausstehende Vergütung" ersetzen.

Die Abfindung ist steuerpflichtig. Die **Einkommenssteuerpflicht** kann nicht vermieden werden. Es sind lediglich Steuerbegünstigungen möglich, indem die Abfindung als außerordentliche Einkünfte nach der Fünftelungsregelung ermäßigt besteuert wird.

Oft muss der gekündigte Arbeitnehmer nach Ablauf der Kündigungsfrist **Arbeitslosengeld** beziehen. Hierauf wird eine Abfindung – sei sie auch noch so hoch – nicht angerechnet. Allerdings muss darauf geachtet werden, dass die Kündigungsfrist eingehalten wird. Wird die **Kündigungsfrist nicht eingehalten**, so ergeben sich folgende Konsequenzen:

- Der Anspruch auf Arbeitslosengeld **ruht** bis zu dem Zeitpunkt, bis zu dem der Arbeitslose 60 % der Abfindung verdient hätte. Allerdings ruht der Anspruch auf Arbeitslosengeld maximal ein Jahr lang. In die Berechnung der Ruhensfrist fließen auch das Lebensalter und die Dauer der letzten Betriebszugehörigkeit ein. Das Ruhen des Anspruchs auf Arbeitslosengeld ist übrigens keine Kürzung des Arbeitslosengeldes. Es findet lediglich eine Verschiebung des Anspruchs auf Arbeitslosengeld in die Zukunft statt.
- Während des Ruhens des Anspruchs auf Arbeitslosengeld besteht kein Sozialversicherungsschutz. Der Arbeitslose muss sich also selbst krankenversichern.

Ein weiteres Problem im Zusammenhang mit dem Arbeitslosengeld besteht darin, dass von der Agentur für Arbeit eine sog. **Sperrzeit** angeordnet wird, wenn der Arbeitnehmer seine Arbeitslosigkeit zumindest mitverursacht hat. Eine Mitverursachung wird dann angenommen, wenn der Arbeitslose ohne arbeitgeberseitige Kündigung einen Aufhebungsvertrag mit Abfindung unterzeichnet hat. Eine Sperre des Arbeitslosengeldes führt dazu, dass der Arbeitslose kein Arbeitslosengeld bekommt. Es findet also nicht wie beim Ruhen des Anspruchs auf Arbeitslosengeld nur eine Verschiebung des Anspruchs in die Zukunft statt.

Vor allem in Fällen, in denen die vereinbarte Abfindung höher ist als eine Abfindung, die nach der Formel „ein halbes Bruttomonatsgehalt pro Beschäftigungsjahr“ berechnet wird, muss mit einem Nachforschen durch die Agentur für Arbeit gerechnet werden. Wird dabei festgestellt, dass eine Mitverursachung durch den Arbeitnehmer vorliegt, wird eine Sperrzeit angeordnet.

Eine Sperrzeit wird nicht angeordnet, wenn der Arbeitnehmer einen **wichtigen Grund** für die Unterzeichnung des Aufhebungsvertrags vorweisen kann. Ein wichtiger Grund kann darin liegen, dass der Arbeitgeber auf jeden Fall eine Kündigung ausgesprochen hätte, wenn der Aufhebungsvertrag nicht abgeschlossen worden wäre. Dies nachzuweisen ist jedoch regelmäßig kaum möglich. Ein wichtiger Grund für das Lösen des Arbeitsverhältnisses liegt beispielsweise in folgenden Fällen vor:

- Der Ehepartner des Arbeitnehmers wird an einen anderen Ort versetzt
- Ein Arzt empfiehlt dem Arbeitnehmer die Beendigung des Arbeitsverhältnisses aus gesundheitlichen Gründen
- Mobbing
- Sexuelle Belästigung am Arbeitsplatz.

Tipp: Die Abfindung in Geld ist nicht das einzige Zugeständnis, das Sie vom Arbeitgeber bei der Auflösung des Arbeitsvertrags bekommen können. Zusätzlich zur Abfindung können Sie vor allem folgende Punkte für Sie vorteilhaft regeln lassen:

- Zwischen Arbeitnehmer und Arbeitgeber werden häufig Vereinbarungen im Zusammenhang mit der Erstellung des **Arbeitszeugnisses** getroffen. Die für den Arbeitnehmer günstigste Variante ist die Zusage des Arbeitgebers, dass dieser den vom Arbeitnehmer vorformulierten Zeugnistext in das Arbeitszeugnis übernimmt. Sie haben dann die Möglichkeiten, sowohl die Positions- und Aufgabenbeschreibung zu Ihren Gunsten zu formulieren, als auch eine für Sie günstige Beurteilung der Leistung zu geben. Sollte sich der Arbeitgeber nicht darauf einlassen, kann immer noch vereinbart werden, dass ein qualifiziertes Arbeitszeugnis mit der Gesamtnote „Sehr gut“ oder „gut“ erstellt wird.
- Möglicherweise hatten Sie im Rahmen Ihrer Tätigkeit einen **Dienstwagen**. Dieser könnte Ihnen vom Arbeitgeber nach Abschluss des Arbeitsverhältnisses gegen Entgelt oder unentgeltlich überlassen wer-

den. Mitunter ist der Dienstwagen vom Arbeitgeber bereits abgeschrieben, und er hat keine anderweitige Verwendung dafür.

- Eine **Freistellung** hat für Sie den Vorteil, dass Sie nicht mehr zur Arbeit erscheinen müssen und dennoch das Gehalt in bisheriger Höhe weiter beziehen.
- Die Zusage einer **Outplacement-Beratung** kann bei der Suche nach einem neuen Arbeitsplatz hilfreich sein.

P. Der Aufhebungsvertrag

Viele Arbeitsverhältnisse enden nicht mit einer arbeitgeber- oder arbeitnehmerseitigen Kündigung, sondern werden einvernehmlich aufgelöst. Der Vorteil des Aufhebungsvertrags liegt darin, dass keine Unsicherheiten über die Wirksamkeit der Kündigung bestehen. Zudem ist der Abschluss eines Aufhebungsvertrags die ideale Möglichkeit für beide Arbeitsvertragsparteien, sich „im Guten" zu trennen.

Beispiel: Ein Sachbearbeiter in der Personalabteilung versucht ein Jahr lang, Freude an seiner Arbeit zu entwickeln. Es gelingt ihm jedoch nicht, da er nicht ausschließlich in einem Büro sitzen, sondern auch reisen möchte. Auch der Arbeitgeber ist nicht zufrieden, da die Leistungen des Arbeitnehmers nicht ganz seinen Vorstellungen entsprechen. Arbeitgeber und Arbeitnehmer kommen in einem Personalgespräch überein, dass sich der Arbeitnehmer einen anderen Arbeitsplatz suchen soll. Als Anreiz für die Stellensuche stellt der Arbeitgeber dem Arbeitnehmer eine Abfindung von einem Monatsgehalt in Aussicht.

Ein weiterer Vorteil des Aufhebungsvertrags liegt darin, dass weder Arbeitgeber noch Arbeitnehmer an die vertraglichen oder gesetzlichen Kündigungsfristen gebunden sind. Es kann ohne weiteres die **sofortige** Aufhebung des Arbeitsverhältnisses vereinbart werden.

Beispiel: Im obigen Beispiel findet der Arbeitnehmer nach drei Monaten Suche einen Arbeitsplatz im Vertrieb, der mit ausgedehnter Reisetätigkeit verbunden ist. Dieser Arbeitsplatz ist frei, weshalb er sofort die Stelle antreten kann. Er schließt deshalb mit seinem Arbeitgeber einen Aufhebungsvertrag ab, wonach das Arbeitsverhältnis bereits unmittelbar nach Unterzeichnung des Aufhebungsvertrags endet.

Der Aufhebungsvertrag kann anstelle einer Kündigung, aber auch **nach Ausspruch einer Kündigung**, abgeschlossen werden.

Beispiel: Ein Arbeitnehmer erhält am 31. Januar eine Kündigung. Einerseits möchte er die Kündigung des langjährigen Arbeitsverhältnisses nicht widerspruchslos hinnehmen. Andererseits hat er selbst nur noch geringes Interesse an seiner Arbeit. Er schließt deshalb mit dem Arbeitgeber am 10. Februar einen Aufhebungsvertrag (der in dem Fall der vorausgegangenen Kündigung „Abwicklungsvertrag" genannt wird). In diesem Aufhebungsvertrag verpflichtet sich der Arbeitgeber zur Zahlung einer Abfindung. Dieser Abwicklungsvertrag ist für den Arbeitnehmer allerdings im Hinblick auf das Arbeitslosengeld von Nachteil, da von der Agentur für Arbeit eine Sperrzeit verhängt werden wird. Schließt ein Arbeitnehmer nämlich innerhalb der dreiwöchigen Klagefrist einen Abwicklungsvertrag mit dem Arbeitgeber ab, so darf die Agentur für Arbeit eine Sperrzeit von zwölf Wochen verhängen. Um die Sperrzeit zu vermeiden, muss der Arbeitnehmer eine Kündigungsschutzklage erheben und in diesem gerichtlichen Verfahren einen Vergleich mit dem Wortlaut des Abwicklungsvertrags abschließen.

Der Aufhebungsvertrag beendet das Arbeitsverhältnis einvernehmlich. Der Arbeitgeber kann also nur mit dem ausdrücklichen und freiwilligen Einverständnis des Arbeitnehmers das Arbeitsverhältnis durch einen Aufhebungsvertrag beenden. Er hat keinen Anspruch auf das Einverständnis des Arbeitnehmers. Es kommt jedoch mitunter vor, dass ein Arbeitgeber den Arbeitnehmer mit rechtswidrigen Mitteln **drängt**, einen Aufhebungsvertrag zu unterzeichnen.

Beispiel: Einem Arbeitnehmer wird ein Aufhebungsvertrag zur Unterzeichnung vorgelegt. Der Arbeitgeber droht mit der Erstattung einer Strafanzeige wegen Diebstahls, wenn der Arbeitnehmer nicht sofort unterzeichnet. Da der Arbeitnehmer eine Strafanzeige vermeiden möchte, unterzeichnet er den Aufhebungsvertrag.

In diesem Beispiel ist der vom Arbeitnehmer unterzeichnete Aufhebungsvertrag anfechtbar, wenn der Strafanzeige keinerlei Verdacht zugrunde liegt und der Arbeitgeber diesen Vorwurf frei erfunden hat. Bestehen allerdings erhebliche Verdachtsmomente gegen den Arbeitnehmer, so darf der Arbeitgeber ankündigen, dass er bei Nichtunterzeichnung des Aufhebungsvertrags eine Strafanzeige erstattet.

Die **Anfechtung des Aufhebungsvertrags** wegen arglistiger Täuschung oder Drohung kann innerhalb eines Jahres erfolgen. Die Frist beginnt bei einer Anfechtung wegen arglistiger Täuschung ab Kenntnis von dem Anfechtungsgrund und bei einer Anfechtung wegen Drohung in dem Zeitpunkt, in dem die Zwangslage endet. Die

Anfechtung muss vom Arbeitnehmer erklärt werden. Wenn der Arbeitgeber sich nach der Erklärung der Anfechtung nicht auf die Fortsetzung des Arbeitsverhältnisses einlässt, ist der Arbeitnehmer gezwungen, das Arbeitsgericht anzurufen. Er muss mit einer Klage die sich aus der Anfechtung ergebenden Ansprüche – also im Wesentlichen die Nachzahlung des Gehalts – geltend machen.

Ein Aufhebungsvertrag kann **unwirksam** sein. Dies ist vor allem dann der Fall, wenn die Beendigung des Arbeitsverhältnisses von einem **zukünftigen und ungewissen Ereignis** abhängig gemacht wird.

Beispiel: Ein Arbeitnehmer lässt immer wieder Sicherheitsvorschriften außer Acht. In einem Personalgespräch legt der Arbeitgeber ihm einen Aufhebungsvertrag zur Unterzeichnung vor, der die Regelung enthält, dass das Arbeitsverhältnis mit dem nächsten Verstoß gegen Sicherheitsvorschriften enden soll.

Wegen Sittenwidrigkeit ist ein **rückdatierter** Aufhebungsvertrag **nichtig**. Gelegentlich werden Aufhebungsverträge rückdatiert, um dem Arbeitnehmer zu ermöglichen, Arbeitslosengeld ohne Verhängung einer Sperrzeit in Anspruch zu nehmen. Diese Rückdatierung ist als Betrug zum Nachteil der Agentur für Arbeit strafbar. Von der Rückdatierung des Aufhebungsvertrags ist die Beendigung des Arbeitsverhältnisses zu einem in der Vergangenheit liegenden Zeitpunkt zu unterscheiden. Letzteres ist möglich und kommt in der Praxis häufig vor.

Beispiel: Zwischen den Arbeitsvertragsparteien wird ein Kündigungsschutzprozess geführt. Noch während des gerichtlichen Verfahrens vereinbaren Arbeitgeber und Arbeitnehmer, dass das Arbeitsverhältnis zu einem in der Vergangenheit liegenden Zeitpunkt endet.

Die Folge unwirksamer bzw. nichtiger Aufhebungsverträge ist, dass der Aufhebungsvertrag nie existiert hat und somit das Arbeitsverhältnis nie geendet hat. Hat der Arbeitgeber im Vertrauen auf die Wirksamkeit des Aufhebungsvertrags kein Gehalt mehr an den Arbeitnehmer bezahlt, so muss er nun grundsätzlich das Gehalt in voller Höhe nachzahlen.

Unter bestimmten Umständen kann der Arbeitnehmer vom Aufhebungsvertrag **zurücktreten.**

Beispiel: Ein Arbeitnehmer schließt einen Aufhebungsvertrag, der die Zahlung einer Abfindung vorsieht. Der Arbeitgeber weigert sich beharrlich, die Abfindung an seinen früheren Arbeitnehmer auszuzahlen. Der Arbeitnehmer ist durch den **Verzug** des Arbeitgebers mit der Zahlung der Abfindung berechtigt, vom Aufhebungsvertrag zurückzutreten. Damit lebt das Arbeitsverhältnis wieder auf.

Auch nach Abschluss eines Aufhebungsvertrags kann es zu einem Anspruch des Arbeitnehmers auf **Wiedereinstellung** kommen.

Beispiel: Ein Arbeitnehmer unterzeichnet einen Aufhebungsvertrag, da die Abteilung, in der er tätig war, komplett aufgelöst wird. In der Zeit zwischen Unterzeichnung des Aufhebungsvertrags und der tatsächlichen Beendigung des Arbeitsverhältnisses entschließt sich der Arbeitgeber, diese Abteilung doch nicht zu schließen. Der Arbeitgeber hat den Arbeitnehmer in diesem Fall wieder einzustellen.

Entschließt sich ein Arbeitnehmer, einen Aufhebungsvertrag zu unterzeichnen, so sollte darauf geachtet werden, dass der Vertrag vollständig ist und die beiderseitigen Interessen ausreichend berücksichtigt werden.

Ein Aufhebungsvertrag ist nur wirksam, wenn er **schriftlich** abgeschlossen wird. Damit ist also ein Vertragsabschluss per Telefax oder E-Mail ausgeschlossen.

Es bietet sich an, dass noch offen gebliebene Ansprüche im Aufhebungsvertrag geregelt werden. Hierzu gehören beispielsweise Gehaltsansprüche aus der Vergangenheit.

Eine gängige Regelung im Aufhebungsvertrag ist die Vereinbarung einer **bezahlten Freistellung** des Arbeitnehmers von seiner Arbeitspflicht. Meist besteht der Arbeitgeber in diesem Zusammenhang darauf, dass die dem Arbeitnehmer noch zustehenden Ansprüche auf Erholungsurlaub auf die Freistellung angerechnet werden. Ohne diese Bestimmung über die Anrechnung von Erholungsurlaub auf die Freistellung könnte der Arbeitnehmer nämlich nach Beendigung des Arbeitsverhältnisses zusätzlich Urlaubsabgeltung verlangen. Dasselbe gilt für die Anrechnung von Gleitzeitguthaben auf die Freistellung. Ohne ausdrückliche Vereinbarung der Anrechnung kann der Arbeitnehmer nach Beendigung des Arbeitsvertrags Vergütung des Zeitguthabens verlangen.

Die Freistellung kann als widerrufliche oder unwiderrufliche Freistellung vereinbart werden. Wird zum Widerruf der Freistellung nichts geregelt, so gilt die Freistellung nach der Rechtsprechung als widerruflich, sofern sich durch Auslegung nichts anderes ergibt. Wird der Arbeitnehmer unter Anrechnung von Urlaubsansprüchen freigestellt, so gilt die Freistellung als unwiderruflich:

Beispiel: „Bis zur Beendigung des Anstellungsverhältnisses werden Sie unter Fortzahlung der Bezüge und unter Anrechnung noch offener Urlaubsansprüche sowie noch nicht abgegoltener Zeitguthaben von der Arbeitsleistung freigestellt.“

Bei der widerruflichen Freistellung kann der Arbeitnehmer bis zur Beendigung des Arbeitsverhältnisses jederzeit vom Arbeitgeber angewiesen werden, die Arbeit wieder aufzunehmen. Es könnte sich also die Vereinbarung einer unwiderruflichen Freistellung anbieten. Allerdings birgt die Vereinbarung einer unwiderruflichen Freistellung erhebliche Risiken im Zusammenhang mit dem Sozialversicherungsschutz, also der Kranken-, Pflege- und Rentenversicherung des Arbeitnehmers. Es besteht die Gefahr, dass mit Beginn der Freistellungsphase der Sozialversicherungsschutz endet. Von der Vereinbarung einer unwiderruflichen Freistellung ist deshalb auf jeden Fall abzuraten (eine Ausnahme gilt nur dann, wenn die unwiderrufliche Freistellung in einem arbeitsgerichtlichen Vergleich vereinbart wurde). Anders liegt jedoch der Fall, wenn der Arbeitnehmer bereits eine Anschlussbeschäftigung gefunden hat. Da er über dieses Beschäftigungsverhältnis sozialversichert ist, kann er ohne das beschriebene Risiko eine unwiderrufliche Freistellung vereinbaren. Dies ist auch sinnvoll, da der Arbeitnehmer nicht den Bestand seines neuen Arbeitsvertrags riskieren sollte, weil er wegen eines Widerrufs der Freistellung zu seinem Arbeitgeber zurückkehren muss.

Vor allem bei Freistellungsphasen über mehrere Monaten hinweg bestehen Arbeitgeber auf die Vereinbarung einer **Anrechnungsklausel**. Hiernach muss der Arbeitnehmer bei einer entsprechenden Vereinbarung einen etwaigen anderweitigen Verdienst auf das Gehalt anrechnen lassen. Falls Ihr Arbeitgeber bei der Verhandlung des Aufhebungsvertrags auf die Vereinbarung einer Anrechnungsklausel besteht, so können Sie wiederum vorschlagen, dass nicht Ihr kompletter anderweitiger Verdienst angerechnet werden soll, sondern beispielsweise nur 50 % des anderweitigen Verdienstes.

Wichtiger Hinweis: In den Aufhebungsvertrag sollte unbedingt eine Klausel aufgenommen werden, wonach die Abfindung zum Zeitpunkt der Unterzeichnung des Vertrags bereits entstanden und somit **vererblich** ist.

Beispiel: „Der Anspruch auf die Abfindung entsteht bereits mit Abschluss dieses Aufhebungsvertrags und ist zum Zeitpunkt der rechtlichen Beendigung des Arbeitsverhältnisses fällig. Der Anspruch auf Abfindung ist vererblich."

Im Aufhebungsvertrag kann der **Urlaubsanspruch** geregelt werden. Ist im Aufhebungsvertrag hierzu jedoch nichts geregelt, hat der Arbeitnehmer u. U. nach Beendigung des Arbeitsverhältnisses einen Anspruch auf Abgeltung des bisher noch nicht erfüllten Urlaubsanspruchs.

Nach Beendigung des Arbeitsvertrags steht dem Arbeitnehmer ein Anspruch auf die Erteilung eines **Arbeitszeugnisses** zu. Der Arbeitnehmer hat hierbei die Wahl, ein einfaches oder ein qualifiziertes Arbeitszeugnis zu verlangen. Das qualifizierte Arbeitszeugnis beurteilt im Gegensatz zum einfachen Arbeitszeugnis auch die Leistung und das Verhalten des Arbeitnehmers.

Tipp: Wenn die Initiative zur Auflösung des Arbeitsverhältnisses von Ihrem Arbeitgeber ausgeht, hat dieser in der Regel ein – wie auch immer begründetes – Interesse daran, sich von Ihnen so zügig wie möglich zu trennen. Sie können diese Situation für sich ausnutzen, indem Sie Ihrem Arbeitgeber darlegen, dass ein sehr gutes Arbeitszeugnis Ihre Chancen auf dem Arbeitsmarkt erhöht und Sie umso eher bereit sind, einen Aufhebungsvertrag zu unterzeichnen. Dabei können Sie durchaus vorschlagen, dass der Text des Arbeitszeugnisses von Ihnen bzw. Ihrem Rechtsanwalt entworfen wird und dieser Text Bestandteil des Aufhebungsvertrags werden soll. Sie sollten dann aber auch sicherstellen, dass es sich um ein tatsächlich vorteilhaftes Arbeitszeugnis handelt. Zur Erstellung eines Arbeitszeugnisses ist erhebliches Spezialwissen erforderlich. Im Aufhebungsvertrag sollte jedenfalls nicht nur der Anspruch auf ein bestimmtes Arbeitszeugnis bei Beendigung des Arbeitsverhältnisses festgeschrieben werden, sondern darüber hinaus der Anspruch auf die Erstellung eines – ebenfalls vorformulierten – Zwischenzeugnisses.

Vor allem wenn Sie mit einem Großunternehmen einen Aufhebungsvertrag abschließen, ist die Vereinbarung einer **Outplacement-Beratung** auf Kosten des Arbeitgebers empfehlenswert. Die Outplacement-Beratung analysiert Ihre Stärken und Schwächen und steht Ihnen bei der Suche nach einem neuen Arbeitsplatz unterstützend zur Verfügung. Outplacement-Beratungen haben häufig einen guten Überblick über den Arbeitsmarkt und finden Wege, den ihnen anvertrauten Arbeitnehmer zu einem neuen Arbeitsplatz zu verhelfen. Ein weiterer Vorteil der Outplacement-Beratung ist die Steuerfreiheit. Der Arbeitnehmer braucht diese Leistung – im Gegensatz zur Abfindung – nicht zu versteuern.

Tipp: Versuchen Sie bei der Verhandlung des Aufhebungsvertrags nicht nur allgemein den Anspruch auf irgendeine Outplacement-Beratung festzuschreiben, sondern einigen Sie sich auf eine Outplacement-Beratung, die erst endet, wenn die Probezeit im neuen Unternehmen beendet ist.

Für den Fall, dass kurz vor Erreichen des Rentenalters ein Aufhebungsvertrag abgeschlossen werden soll, empfiehlt sich die Prüfung, ob die **Einzahlung von Beiträgen auf das Rentenversicherungskonto** vorteilhaft ist. Ob dies sinnvoll ist, kann nur im Einzelfall beurteilt werden. Grundlage für diesbezügliche Überlegungen ist eine Rentenauskunft.

Sachverzeichnis

Zahlen = Seiten

Buchanzeigen

Der Start in den Beruf

Hugo-Becker

Der Test zur Berufswahl

Meine Motive, Vorlieben und Stärken.
Der Test zeigt, wo Stärken, Schwächen und Vorlieben liegen. Die Ergebnisse helfen, Fehler bei der Berufswahl zu vermeiden.

1. Aufl. 2005. 250 S.
€ 9,50. dtv 50884

Reinker

Das Job-Lexikon

Erste Hilfe für den Berufsstart.
Eine Fülle von Informationen, praktischen Tipps und Denkanstößen, garniert mit witzigen Beispielen aus dem Berufsalltag.

1. Aufl. 2004. 768 S. €
€ 19,50. dtv 50878

Aus den Pressestimmen:

»Besonders schön: der Mix aus seriöser Information und witzigen Beispielen aus dem Berufsalltag.«
Young Miss

»Die wichtigsten Finten und fiesesten Fettnäpfchen für Berufseinsteiger.«
SPIEGEL online

»750 Seiten voller Tipps, Infos und Denkanstöße – was soll da noch passieren.«
Berliner Morgenpost

Nasemann

Richtig bewerben

Praktische Hinweise für die Stellensuche, Inhalt und Form der Bewerbung, alle Rechtsfragen zu Vorstellungsgespräch und Einstellungstest.

6. Aufl. 2007. 164 S. §
€ 8,–. dtv 50608

Göpfert

Aktiv bewerben

Tipps für die Stellensuche, Bewerbung und Vorstellung.
Anschauliche Beschreibungen und Beispiele, Formulierungsvorschläge und praxisnahe Tipps helfen, ein individuelles Bewerbungskonzept zu entwickeln und in allen Phasen der Bewerbung überzeugend zu argumentieren.

1. Aufl. 2006. 185 S.
€ 9,50. dtv 50896

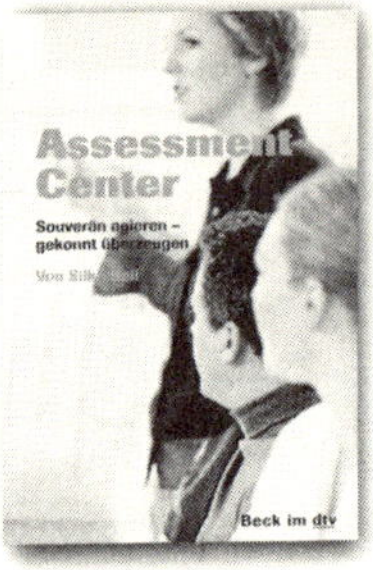

Hell

Assessment Center

Souverän agieren – gekonnt überzeugen.
Der Band beantwortet alle Fragen rund um ein Assessment Center: Erwartungen, Abläufe, mögliche und auch »inoffizielle« Übungen, Beurteilung. Mit praktischen Tipps und Übungsbeispielen.

1. Aufl. 2006. 181 S.
€ 9,50. dtv 50892

P149710-S22

Beruf und Karriere

Hofmann/Linneweh/Streich

Erfolgsfaktor Persönlichkeit

Managementerfolg durch Leistungsfähigkeit und Motivation.
Positiver Umgang mit Anforderungen im beruflichen und privaten Umfeld, Selbstreflexion, Möglichkeiten zur Bewältigung von als stresshaft erlebten Situationen – hier finden Führungskräfte einen fundierten Überblick über Ansatzmöglichkeiten zur Erreichung einer befriedigenden Work-Life-Balance.

1. Aufl. 2006. 387 S. €
€ 14,50. dtv 50904

Cassens

Work-Life-Balance

Wie Sie Ihr Berufs- und Privatleben in Einklang bringen.
Möglichkeiten für ein System zur erfolgreichen Bewältigung Ihrer individuellen Aufgaben und zur Vermeidung von Zivilisationskrankheiten.

1. Aufl. 2003. 214 S. €
€ 9,50. dtv 50872

Knieß

Kreativitätstechniken

Methoden und Übungen.
Kreativität ist der Schlüssel zum Erfolg. Neben einem Überblick über Methoden und Einsatz gibt es in einem umfangreichen Praxisteil Beispiele und Übungsaufgaben, die konkret helfen, das kreative Verhalten zu fördern.

1. Aufl. 2006. 268 S.
€ 9,50. dtv 50906

Fuchs-Brüninghoff/Gröner

Zusammenarbeit erfolgreich gestalten

Eine Anleitung mit Praxisbeispielen.

1. Aufl. 1999. 203 S. €
€ 9,15. dtv 50834

Hugo-Becker/Becker

Motivation

Neue Wege zum Erfolg.

1. Aufl. 1997. 419 S. €
€ 10,17. dtv 5896

Haug

Erfolgreich im Team

Praxisnahe Anregungen für effiziente Team- und Projektarbeit.
Mit Diagnose von Erfolgsfaktoren und konkreten Hilfestellungen.

3. Aufl. 2003. 187 S. €
€ 9,–. dtv 5842

Bender

Teamentwicklung

Der effektive Weg zum »Wir«.
Systematische Führung durch die Phasen der Teamentwicklung mit Anleitung für effiziente Teamleitung.

1. Aufl. 2002. 284 S. €
€ 12,50. dtv 50858

Zeichenerklärung: § Rechtsberater € Wirtschaftsberater

Beruf und Karriere

Femppel/Zander
Praxis der Personalführung
Was Sie tun und lassen sollten. Das Was und Wie der Personalführung, 99 Tipps, Fallbeispiele, Führungsgrundsätze.

2. Aufl. 2008. Rd. 150 S. €
Ca. € 10,–. dtv 50841
In Vorbereitung für Frühjahr 2008

Hugo-Becker/Becker
Psychologisches Konfliktmanagement
Menschenkenntnis – Konfliktfähigkeit – Kooperation.

4. Aufl. 2004. 418 S. €
€ 13,–. dtv 5829

Drzyzga
Personalgespräche richtig führen
Ein Kommunikationsleitfaden. Der rasche Überblick über die fachlichen und psychologischen Faktoren des Gesprächs mit Mitarbeitern.

1. Aufl. 2000. 148 S. €
€ 8,64. dtv 50840

Stender-Monhemius
Schlüsselqualifikationen
Zielplanung, Zeitmanagement, Kommunikation, Kreativität.

1. Aufl. 2006. 163 S. €
€ 9,50. dtv 50910

Mentzel
Personalentwicklung
Erfolgreich motivieren, fördern und weiterbilden. Bedarfsfeststellung, Planung und Durchführung der Förder- und Bildungsmaßnahmen, Kosten- und Erfolgskontrolle.

2. Aufl. 2005. 318 S. €
€ 10,–. dtv 50854

Weisbach
Professionelle Gesprächsführung
Ein praxisnahes Lese- und Übungsbuch.
Wie das Gespräch als Mittel der Führung zweckmäßig, zielorientiert und rationell genutzt werden kann.

6. Aufl. 2003. 494 S. €
€ 12,–. dtv 5845

Weisbach/Sonne-Neubacher
Leadership in Professional Conversation
Translation of »Professionelle Gesprächsführung«

1. Aufl. 2005. 420 S. €
€ 14,–. dtv 50879

Weisbach
Wie Sie andere für sich gewinnen
Die Kunst der Gesprächsführung.
Wie man die Beziehung zum Gesprächspartner so gestaltet, dass beide gewinnen.

1. Aufl. 2007. 164 S. €
€ 9,50. dtv 50916
Neu im November 2007

Haberzettl/Schinwald
Change Management
Wie Sie Mitarbeiter an Veränderungen beteiligen.

1. Aufl. Rd. 200 S. €
Ca. € 12,50. dtv 50905
In Vorbereitung

Neuhäuser-Metternich
Kommunikation im Berufsalltag
Verstehen und verstanden werden.

1. Aufl. 1994. 300 S. €
€ 8,64. dtv 5869

P149710-S24.1

Diekmann/Fang

China Knigge

Business und interkulturelle Kommunikation.
Ein Überblick über die Bandbreite chinesischer Verhaltenstraditionen im Alltags- und Geschäftsleben.

1. Aufl. 2007. 201 S. €
€ 14,–. dtv 50915
Neu im Dezember 2007

Bühring-Uhle/Eidenmüller/Nelle

Verhandlungsmanagement

Intuition - Strategie - Effektivität.
Agieren Sie zielgerichtet und erfolgreich.

1. Aufl. 2008. Rd. 250 S.
Ca. € 13,50. dtv 50640
In Vorbereitung für Anfang 2008

Mentzel

Rhetorik

Sicher und erfolgreich sprechen.
Bausteinsystem für die Vorbereitung und Durchführung eines Vortrags. Zahlreiche Übungen, um die vorgestellten Regeln und Empfehlungen im Einzel- oder Gruppentraining zu vertiefen.

1. Aufl. 2000. 228 S. €
€ 8,44. dtv 50845

Weisbach

Gekonnt kontern

Wie Sie verbale Angriffe souverän entschärfen.
Gewußt wie: Gekonnt kontern ist weniger eine Frage der Spontaneität als vielmehr der Ausdruck guter Vorbereitung. Die wichtigsten Tipps finden Sie hier.

1. Aufl. 2004. 197 S. €
€ 9,–. dtv 50885

Jeske

Erfolgreich verhandeln

Grundlagen der Verhandlungsführung.

1. Aufl. 1998. 238 S. €
€ 8,64. dtv 50824

Nückles/Gurlitt/Pabst/Renkl

Mind Maps und Concept Maps

Visualisieren, Organisieren, Kommunizieren.
Mit Lern- und Arbeitstechniken das individuelle und kooperative Wissensmanagement auf einfache wie effektive Weise unterstützen.

1. Aufl. 2004. 162 S. €
€ 9,50. dtv 50877

Mentzel

Kommunikation

Grundlagen der Kommunikation: Mit anderen sprechen – Gespräch, Verhandlung, Moderation, Smalltalk.
Vor anderen sprechen – Sachvortrag, Präsentation, Gelegenheitsrede.
Visualisierung – Der Körper spricht immer mit.

1. Aufl. 2007. 301 S.
€ 10,–. dtv 50869

Breger/Grob

Präsentieren und Visualisieren

... mit und ohne Multimedia.

1. Aufl. 2003. 265 S. €
€ 11,–. dtv 50855

Beruf und Karriere

Haberzettl/Birkhahn
Moderation und Training
Ein praxisorientiertes Handbuch.
Das Buch zeigt eine Auswahl hocheffektiver Methoden des NLP und anderer Verfahren so, dass sie unmittelbar anwendbar und sofort umsetzbar sind.

1. Aufl. 2004. 288 S. €
€ 12,50. dtv 50866

Klotzki
Wie halte ich eine gute Rede?
In 7 Schritten zum Publikumserfolg.

1. Aufl. 2004. 116 S. €
€ 8,–. dtv 50873

Baumert
Professionell texten
Grundlagen, Tipps und Techniken.

2. Aufl. 2008. Rd. 220 S. €
Ca. € 10,–. dtv 50868
In Vorbereitung für Frühjahr 2008

Briese-Neumann
Erfolgreiche Geschäftskorrespondenz
Perfektion in Form und Stil.
Dieser Ratgeber liefert das Handwerkszeug für professionelle Korrespondenz und für das Texten generell.

2. Aufl. 2001. 303 S. €
€ 10,–. dtv 5878

Briese-Neumann
Optimale Sekretariatsarbeit
Büroorganisation und Arbeitserfolg. Ein Leitfaden für Chefs und Sekretariatsmitarbeiter. Mit Checklisten, Tipps und Beispielen.

1. Aufl. 1998. 308 S. €
€ 10,17. dtv 50804

Barth
Telefonieren mit Erfolg
Die Kunst des richtigen Telefonmarketing.
Dieser Berater führt in die Grundlagen der Kommunikation ein. Bewährte Methoden und Tricks werden ebenso vorgestellt wie kluge Fragetechniken.

2. Aufl. 2005. 137 S. €
€ 7,50. dtv 50846

Schäfer
Business English
Wirtschaftswörterbuch Englisch – Deutsch / Deutsch – Englisch.
Mit rd. 36000 Stichwörtern alle wichtigen grundlegenden Begriffe der englischen und deutschen Wirtschaftssprache.

1. Aufl. 2006. 859 S. €
€ 19,50. dtv 50893

Kunz
Vom Mitarbeiter zur Führungskraft
Die erste Führungsaufgabe erfolgreich übernehmen.
Hinweise, Tipps und praktische Hilfen zeigen, wie man sich auf die neue Rolle als Teamleiter vorbereiten kann – im Zeitraum von der Entscheidung bis zur ersten Ausübung der neuen Führungsaufgabe und den „ersten 100 Tagen" im neuen Job.

1. Aufl. 2007. 330 S. €
€ 12,50. dtv 50913

Assig
Frauen in Führungspositionen
Die besten Erfolgskonzepte aus der Praxis.
»Warum Frauen in der Wirtschaft zunehmend gefragt sind – nein, besser: wären? Dorothea Assigs Buch führt eine ganze Reihe von Argumenten auf – nicht aus der Hüfte geschossen, sondern wissenschaftlich fundiert.«
Süddeutsche Zeitung

1. Aufl. 2001. 252 S. €
€ 10,–. dtv 50849

Arbeitsrecht

ArbG · Arbeitsgesetze

mit den wichtigsten Bestimmungen zum Arbeitsverhältnis, KündigungsR, ArbeitsschutzR, BerufsbildungsR, TarifR, BetriebsverfassungsR, GleichbehandlungsR und VerfahrensR.
Mit dem neuen WissZeitVG.
Stand: 1.7.2007.

Textausgabe.
71. Aufl. 2007. 847 S.
€ 7,–. dtv 5006
Neu im Oktober 2007

EU-ArbR · EU-Arbeitsrecht

Richtlinien und Verordnungen der Europäischen Union dominieren in zunehmendem Maße das nationale Arbeitsrecht. Dieser Band enthält alle einschlägigen Vorschriften mit Querverweisen auf die Textausgabe »ArbG«, dtv 5006 (siehe oben).

Textausgabe.
3. Aufl. 2008. Rd. 480 S.
Ca. € 16,–. dtv 5751
In Vorbereitung für Anfang 2008

Schaub
Arbeitsrecht von A–Z

Rund 650 Stichwörter zum aktuellen Recht mit den Arbeitsmarktreformen. Aussperrung, Befristung von Arbeitsverträgen, Betriebsrat, Gewerkschaften, Jugendarbeitsschutz, Kündigung, Mitbestimmung, Elternzeit, Ruhegeld, Streik, Tarifvertrag, Teilzeitarbeit, Zeugnis u.a.m.

17. Aufl. 2004. 1097 S. §
€ 14,50. dtv 5041

Hromadka
Arbeitsrecht für Vorgesetzte

Rechte und Pflichten bei der Mitarbeiterführung.
Der umfassende Leitfaden für den Arbeitsalltag.

1. Aufl. 2007. 421 S. §
€ 15,–. dtv 50648

Notter/Obenaus/Ruf
Arbeitsrecht in Frage und Antwort

Fragen und Antworten rund um das Arbeitsverhältnis.

1. Aufl. 2004. 348 S. §
€ 10,–. dtv 50629

Schaub/Rühle
Guter Rat im Arbeitsrecht

Für Arbeitgeber und Arbeitnehmer.
Eine praxisnahe Übersicht über das gesamte Arbeitsrecht mit zahlreichen Mustern und Beispielsfällen.

3. Aufl. 2003. 889 S. §
€ 14,–. dtv 5600

Gragert
Arbeitsrechtliche Gleichbehandlung

Das Antidiskriminierungsrecht im Arbeitsalltag.

1. Aufl. 2007. 155 S. §
€ 9,–. dtv 50655

SGB III · Arbeitsförderung

mit SGB II (Hartz IV), Arbeitslosengeld II VO, AltersteilzeitG, BeschäftigungsVO und weiteren wichtigen Vorschriften.

Textausgabe.
11. Aufl. 2006. 435 S.
€ 10,–. dtv 5597

Schaub

Rechte und Pflichten als Arbeitnehmer

Anbahnung und Abschluss des Arbeitsvertrages sowie seine Beendigung, Rechte und Pflichten, der Einfluss des Betriebsrats, Betriebsnachfolge, Sonderrechte.

9. Aufl. 2007. 617 S. §
€ 16,–. dtv 5229

Schulz

Kündigungsschutz im Arbeitsrecht von A–Z

Alle wesentlichen Fragen zum Thema »Kündigung und Kündigungsschutz« in rund 400 Stichwörtern beantwortet.

4. Aufl. 2008. Rd. 300 S. §
Ca. € 10,–. dtv 5070
In Vorbereitung für Frühjahr 2008

Böhme

Mein Recht bei Kündigung

Wie Arbeitnehmer richtig reagieren und eigene Interessen schützen.
Mit konkreten Beispielen und systematischer Behandlung

möglicher Kündigungsgründe.

1. Aufl. 2008. 163 S. §
€ 9,50. dtv 50668
Neu im Dezember 2007

Schaub/Künzl

Arbeitsgerichtsverfahren

Rechte · Pflichten · Verfahren · Instanzen.
Klagearten, Klageerhebung, Güteverhandlung, Vertretung durch Anwalt, Rechtsmittel, Vollstreckung, Einstweilige Verfügung, Beschlussverfahren, Kosten.

7. Aufl. 2004. 475 S. §
€ 14,–. dtv 5205

Schaub/Kreft

Der Betriebsrat

Wahlen – Organisation – Rechte – Pflichten.
Wahl und Organisation des Betriebsrats, Mitbestimmung in sozialen und personellen Angelegenheiten, Beteiligung des Betriebsrats in wirtschaftlichen Angelegenheiten, Verfahren nach dem BetrVG, neueste höchstrichterliche Rechtsprechung.

8. Aufl. 2006. 636 S. §
€ 18,–. dtv 5202

P149710-S28.1

Wetter
Ärger im Betrieb
Hilfestellung bei Abmahnung und Kündigung, Mobbing und allen weiteren Problemen am Arbeitsplatz.

2. Aufl. 2004. 207 S. €
€ 9,–. dtv 50606

Schulz
Alles über Arbeitszeugnisse
Zeugnissprache, Haftung, Rechtsschutz.
Arbeitszeugnisse beeinflussen maßgeblich die Entscheidung über Erfolg oder Misserfolg einer Bewerbung. Der Ratgeber behandelt nicht nur Rechtsfragen, sondern gibt auch Einblick in die »Geheimsprachen« und die Möglichkeiten zu ihrer Entschlüsselung.
Mit Zeugnismustern und Beispielen.

8. Aufl. 2008. Rd. 200 S. §
Ca. € 10,–. dtv 5280
In Vorbereitung für Anfang 2008

Wetter
Der richtige Arbeitsvertrag
Die wichtigsten Rechtsfragen bei Vertragsabschluss und späteren Änderungen.
Mit Vertragsmustern und Gesetzestexten im Anhang.

4. Aufl. 2008. Rd. 150 S. §
Ca. € 8,50. dtv 50607
In Vorbereitung für Anfang 2008

Schmidt
Freie Mitarbeit – Ehrenamt – Minijob von A–Z
Rechtslexikon zu den arbeits-, steuer- und sozialversicherungsrechtlichen Fragen bei der Ausübung eines Ehrenamtes, einer Nebentätigkeit, einer Tätigkeit als freier Mitarbeiter oder Ein-Personen-Unternehmer.

2. Aufl. Rd. 390 S. §
Ca. € 13,50. dtv 5678
In Vorbereitung

Hansen/Kanstinger
Zeitarbeit von A–Z
Fachbegriffe, Zusammenhänge, Checklisten.
Die übersichtliche und handliche Informationsquelle zur Zeitarbeit in Deutschland, die das breite inhaltliche Spektrum sachlich, kurz, prägnant und verständlich wiedergibt.

1. Aufl. 2001. 152 S. §
€ 8,50. dtv 50850

Plander
Ratgeber Studentenjobs
Arbeitsrecht · Sozialversicherung · Steuern.
Praxisnah sind z.B. Verdienstgrenzen, Lohnfortzahlung oder Urlaubsansprüche erläutert.

1. Aufl. 2007. 256 S. §
€ 12,50. dtv 50667
Neu im Oktober 2007

Rittweger
Altersteilzeit
Mit Beispielen, Faustformeln und Vertragsmustern.

1. Aufl. 2001. 233 S. §
€ 11,50. dtv 5636

BeamtR · Beamtenrecht
BundesbeamtenG, BeamtenrechtsrahmenG, BundesbesoldungsG, BeamtenversorgungsG, BundesdisziplinarG, Beihilfevorschriften und weitere Vorschriften des Beamtenrechts.

Textausgabe.
22. Aufl. 2006. 525 S.
€ 9,–. dtv 5529

Zeichenerklärung: § Rechtsberater € Wirtschaftsberater

TVöD/TV-L · Tarifrecht öffentlicher Dienst Bund, Kommunen, Länder, TV-Ärzte

TVöD, TV-L, TVAöD, TVA-L, TV-Ärzte.

Textausgabe.
2. Aufl. 2007. 821 S.
€ 12,–. dtv 5768

BAT · Tarifrecht West/Ost

Öffentlicher Dienst · Bundesländer.
Manteltarifverträge, Vergütungstarifverträge, Versorgungstarifverträge, Zuwendungstarifverträge, Auszubildendentarifverträge.

Textausgabe.
1. Aufl. 2006. 514 S.
€ 12,50. dtv 5770

EingruppR · Eingruppierungsrecht

Öffentlicher Dienst. Tarifliche und außertarifliche Eingruppierungs-Richtlinien.

Textausgabe.
1. Aufl. 2006. 785 S.
€ 13,50. dtv 5769

Gröner/Fuchs-Brüninghoff
Lexikon der Berufsausbildung

Über 1500 Begriffe für Ausbilder, Führungskräfte und Personalentwickler. Didaktik und Methodik, Rechtsgrundlagen, jugendpsychologische Fragen, Grundfragen der Berufsbildung.

1. Aufl. 2004. 486 S. €
€ 15,–. dtv 50835

Sozialhilfe

SGB II/SGB XII · Grundsicherung für Arbeitsuchende – Sozialhilfe

u.a. mit den neuen Vorschriften der Sozialhilfe (SGB XII) und der Grundsicherung für Arbeitsuchende (SGB II), einschließlich FortentwicklungsG.

Textausgabe.
4. Aufl. 2007. 646 S.
€ 10,–. dtv 5767

Brühl/Winkler
Sozialleistungen von A–Z

4. Aufl. 2008. Rd. 350 S. §
Ca. € 10,–. dtv 5060
In Vorbereitung für 2008

Hußmann
Sozialleistungen und Vermögen

Wissen was zu tun ist, wenn das eigene Vermögen verwertet werden soll oder Rückgriff auf Verwandte genommen wird – mit diesem neuen Ratgeber.

1. Aufl. 2008. Rd. 150 S. §
Ca. € 7,50. dtv 50660
In Vorbereitung für Frühjahr 2008

P149710-530

Brühl/Sauer

Mein Recht auf Sozialleistungen

Grundsicherung für Arbeitsuchende, Sozialhilfe, sonstige Sozialleistungen. Die zuverlässige Orientierungshilfe: Klar und strukturiert erklärt dieser Ratgeber, welche Ansprüche und Pflichten bei Arbeitslosengeld II, Sozialgeld und Sozialhilfe bestehen. Umfassend werden alle Lebensbereiche abgedeckt und alle Hilfen zu Lebensunterhalt, Gesundheit und Pflege erläutert. Auch Kinder- und Elterngeld, Rundfunkgebührenbefreiung sowie Leistungen von Stiftungen werden behandelt. Muster, Beispiele und Hinweise zur rechtlichen Durchsetzung helfen den Lesern, ihre Rechte wahrzunehmen. Die Ausführungen zum Rechtsschutz sind in der Neuauflage wesentlich erweitert, die Änderungen nach Hartz IV mit über 100 neuen Regelungen eingearbeitet.

20. Aufl. 2007. 451 S. §
€ 9,50. dtv 5243

Hüttenbrink

Sozialhilfe und Arbeitslosengeld II

Hilfe zum Lebensunterhalt, Grundsicherung, sonstige Ansprüche, Verfahren, Verwandtenregress.
Alles über die neuen Leistungen – mit vielen Checklisten, Beispielen und Muster-Berechnungen.
Mit zahlreichen gesetzlichen Änderungen und dem neuen Regelsatz.

10. Aufl. 2007. 293 S. §
€ 7,50. dtv 50605

Obermaier

So geht's beim Arbeitslosengeld II

1. Aufl. 2008. 31 S.
€ 4,95. dtv 50405
Neu im Dezember 2007

Bubeck

Guter Rat bei Arbeitslosigkeit

Arbeitslosengeld, Arbeitslosengeld II, Soziale Sicherung, Rechtsschutz.
Mit Besonderheiten für ältere Arbeitslose. Die sogenannten »Hartz-Gesetze« sind berücksichtigt.

10. Aufl. 2005. 231 S. §
€ 9,50. dtv 5237

s.a. SGB · Sozialgesetzbuch, dtv 5024, unten

Sozialversicherung, sonstige Versicherungen und Altersvorsorge

SGB · Sozialgesetzbuch

Sämtliche Bücher des Sozialgesetzbuches (I bis XII) sowie KurzarbeitergeldVO.

Textausgabe.
34. Aufl. 2007. 1537 S.
€ 14,50. dtv 5024

Zeichenerklärung: § Rechtsberater € Wirtschaftsberater

Winkler

Sozialrecht von A–Z

Über 1000 Stichwörter zum aktuellen Recht.
Sie erfahren alles zu Sozialleistungen, Kranken-, Pflege-, Renten- und Unfallversicherung, Familienlastenausgleich sowie Kinder- und Jugendhilfe.

2. Aufl. 2007. 494 S. §
€ 12,50. dtv 5671
Neu im Oktober 2007

SGB V · Gesetzliche Krankenversicherung

mit SGB I und IV und EntgeltfortzahlungsG.

Textausgabe.
15. Aufl. 2008. Rd. 470 S.
Ca. € 13,50. dtv 5559
In Vorbereitung für Dezember 2007

Jürgensen

Ratgeber Künstlersozialversicherung

Vorteile, Voraussetzungen, Verfahren.
Umfassende Information über alle Aspekte der Künstlersozialversicherung, z.B. Versicherungspflicht, Voraussetzungen und Gang des Verfahrens.

2. Aufl. 2008. Rd. 200 S. §
Ca. € 12,50. dtv 5683
In Vorbereitung für Anfang 2008

SGB VI · Gesetzliche Rentenversicherung

U.a. mit VersorgungsruhensG, FremdrentenG, Fremdrenten- und Auslandsrenten-NeuregelungsG.

Textausgabe.
9. Aufl. 2007. 489 S.
€ 15,50. dtv 5561
Neu im November 2007

VersR · Privatversicherungsrecht

mit VersicherungsaufsichtsG, AltersvorsorgezertifizierungsG, VersicherungsvertragsG (neu und alt), EinführungsG zum VVG, PflichtversicherungsG, Kraftfahrzeug-PflichtversicherungsVO, InfoV (Entwurf), Wettbewerbsrichtlinien der Versicherungswirtschaft und Auszügen aus BGB, HGB.

Textausgabe.
13. Aufl. 2008. Rd. 420 S.
Ca. € 9,50. dtv 5579
In Vorbereitung für Dezember 2007

12. Aufl. auf Wunsch bis Jahresende 2007 noch lieferbar

Hering

Rechtsschutzversicherung

Kosten der Rechtsverfolgung, Versicherungsschutz und Leistungen, Lösungen im Schadensfall.
Sie erfahren, welche Risiken abgedeckt werden, was im Versicherungsfall zu tun ist und welche Möglichkeiten es gibt, wenn Rechtsschutz durch den Versicherer abgelehnt wird.
Der Ratgeber bietet Ihnen eine wichtige Hilfe für den richtigen Umgang mit dem Rechtsschutzversicherer.

1. Aufl. 2006. 222 S. €
€ 14,50. dtv 50635

P149710-532.1